KB217477

진복음

사도 바울이 전하는
예수 그리스도의 사랑과 구원의 메시지

가스펠북스

들어가는 말

요즘 젊은이들이 다양한 표현에 '찐'이라는 말을 붙여서 많이 사용합니다. 찐이라는 것은 진짜라는 의미의 진(眞)을 강하게 표현한 것입니다. 그래서 진짜 커플이면 찐커플, 진짜 맛집은 찐맛집, 진짜 팬은 찐팬, 진짜 행복은 찐행복이라고 합니다. 우리가 영적 삶에서도 찐으로 알고 있어야 할 것이 바로 찐복음입니다. 진짜 복음을 우리가 알고 있어야 합니다.

사도 바울은 갈라디아서를 통해 찐복음과 찐복음의 삶이 무엇인지에 대해서 아주 구체적으로 밝히고 있습니다. 사도 바울은 오직 예수 그리스도의 복음 외에는 다른 복음이 없다고 선포하면서 갈라디아서를 시작했습니다. 오직 예수 그리스도의 십자가 대속과 부활의 복음만이 찐복음이라는 것입니다.

이 갈라디아서는 사도 바울이 쓴 열세 권의 서신서 중 하나인데 로마서와 함께 기독교 교리를 체계적으로 다룬 것으로 유명합니다. 종교개혁자 마틴 루터가 이 갈라디아서를 종교개혁의 근거로 사용했던 까닭에 '자유와 해방의 서신', '종교개혁의 선언문', '율법주의에 대한 선전포고문', '기독교 신앙의 대헌장' 등으로도 불립니다.

그만큼 갈라디아서가 전하는 메시지에는 율법의 속박에서 벗어나 그리스도께서 주시는 자유를 누리라는 뜻이 강조되어 있습니다. 이를 다시 표현하자면, 예수 그리스도를 믿는 순간부터는 사탄에게 사로잡힌 종노릇에서 벗어나 하나님 자녀로서 완전한 자유와 해방을 누리게 된다는 것입니다.

the True gospel

갈라디아서는 바울이 1차 전도여행 때 세웠던 갈라디아교회에 보낸 편지입니다. 이 교회 성도들은 바울을 통해 처음으로 복음을 들었고 예수 그리스도를 영접했습니다. 그런데 바울이 2차 전도여행에서 다시 이곳을 찾았을 때에는 교회 내의 상황이 이상하게 바뀌어 있었습니다. 율법을 통해 구원을 받을 수 있다고 주장하는 유대인 거짓 교사들이 들어와 교인들을 미혹하는 일이 있었던 것입니다. 그들은 복음을 왜곡시켰을 뿐 아니라 바울의 사도권을 부정하고 중상모략까지 일삼았습니다. 이를 본 바울이 안디옥으로 돌아온 후 갈라디아 교인들이 거짓된 진리에서 벗어나 참된 복음의 자리로 돌아올 수 있도록 이 서신을 보냈던 것입니다.

사도 바울은 갈라디아서를 통해 다른 복음은 없으며, 오직 그리스도의 복음만이 절대적이라는 사실을 선포했습니다. 예수 그리스도 외의 다른 복음은 없습니다. 오직 예수 그리스도만이 우리 인생의 모든 문제를 해결하는 유일한 해답이라는 사실을 깨달아야 합니다. 모든 독자 여러분이 이 갈라디아서 강해집을 통해 그리스도의 복음이 주는 참 자유의 축복을 사실적으로 맛보고 누리게 되시기를 바랍니다.

2022년 2월
예원교회 擔任牧師 丁 恩 柱

찐복음

내가 그리스도와 함께 십자가에 못 박혔나니 그런즉 이제는 내가 사는 것이 아니요 오직 내 안에 그리스도께서 사시는 것이라 이제 내가 육체 가운데 사는 것은 나를 사랑하사 나를 위하여 자기 자신을 버리신 하나님의 아들을 믿는 믿음 안에서 사는 것이라
갈라디아서 2:20

01 그리스도의 복음

1사람들에게서 난 것도 아니요 사람으로 말미암은 것도 아니요 오직 예수 그리스도와 그를 죽은 자 가운데서 살리신 하나님 아버지로 말미암아 사도 된 바울은 2함께 있는 모든 형제와 더불어 갈라디아 여러 교회들에게 3우리 하나님 아버지와 주 예수 그리스도로부터 은혜와 평강이 있기를 원하노라 4그리스도께서 하나님 곧 우리 아버지의 뜻을 따라 이 악한 세대에서 우리를 건지시려고 우리 죄를 대속하기 위하여 자기 몸을 주셨으니 5영광이 그에게 세세토록 있을지어다 아멘

6그리스도의 은혜로 너희를 부르신 이를 이같이 속히 떠나 다른 복음을 따르는 것을 내가 이상하게 여기노라 7다른 복음은 없나니 다만 어떤 사람들이 너희를 교란하여 그리스도의 복음을 변하게 하려 함이라 8그러나 우리나 혹은 하늘로부터 온 천사라도 우리가 너희에게 전한 복음 외에 다른 복음을 전하면 저주를 받을지어다 9우리가 전에 말하였거니와 내가 지금 다시 말하노니 만일 누구든지 너희가 받은 것 외에 다른 복음을 전하면 저주를 받을지어다 10이제 내가 사람들에게 좋게 하랴 하나님께 좋게 하랴 사람들에게 기쁨을 구하랴 내가 지금까지 사람들의 기쁨을 구하였다면 그리스도의 종이 아니니라

_갈라디아서 1:1~10

은혜의 복음

사람들에게서 난 것도 아니요 사람으로 말미암은 것도 아니요 오직 예수 그리스도와 그를 죽은 자 가운데서 살리신 하나님 아버지로 말미암아 사도 된 바울은 함께 있는 모든 형제와 더불어 갈라디아 여러 교회들에게 우리 하나님 아버지와 주 예수 그리스도로부터 은혜와 평강이 있기를 원하노라 _갈라디아서 1:1~3

사도 바울은 먼저 문안 인사로 갈라디아서를 열고 있습니다. 그런데 이 문안 인사는 일반적인 문안 인사와는 달리 아주 독특한 형태를 띠고 있습니다. 바울은 아주 길게 자신의 사도 됨을 먼저 설명했습니다. 이렇게 한 이유가 있습니다. 갈라디아 교회 성도들은 바울을 통해서 처음으로 복음을 들었고, 하나님의 자녀가 되었습니다. 그런데 바울이 떠나고 나자 율법을 통한 구원을 주장하는 유대주의자들이 들어와서 갈라디아 성도들을 미혹했습니다.

이런 율법주의자들은 복음을 파괴하고 변질시키기 위해 행위와 율법을 강조하였고, 복음을 증거하는 바울을 집중으로 공격했습니다. 구원을 얻기 위해서는 믿음 이상의 것이 필요하다고 주장함으로써 오직 믿음을 통해 하나님의 은혜로 의롭게 된다는 복음의 핵심을 놓치게 만든 것입니다. 이들은 “구원을 얻으려면 믿음만으로 부족하다, 행함이 있어야 한다. 은혜만으로는 부족하다, 공로를 세워야 한다.”라는 주장을 했습니다. 그러면서 그들은 “하나님의 은혜로 말미암아 믿음으로 의롭게 된다.”라고 복음을 전하는 바울을 공격했습니다. 그들은 바울이 어느 누구로부터도 권위를 부여받은 바가 없다고 하면서 자칭 사도라고 하는 사기꾼일 따름이라고 주장했습니다. 이렇게 바울을 집중하여 공격하는 이유는 바울을 거짓 사도로 만들면 그가 전한 복음의 메시지도 거짓이라고 주장할 수 있기 때문입니다.

이것은 사탄의 교묘한 전략입니다. 바울은 이런 유대 율법주의자들의 말에 절대 미혹되지 말라고 했습니다. 그러면서 자신이 사도로서 부름을 받은 것은 어떤 인간적인 기준에 의한 것이 아니고 전적으로 하나님의 택함을 통한 것임을 먼저 밝혔습니다. 그것이 자신의 힘과 의지, 노력으로 된 것이 결코 아니고 하나님의 전적인 은혜로 된 것임을 강조한 것입니다.

사실 신앙생활의 모든 시작은 은혜로 되어지는 것이며, 그 과정과 마지막 또한 모두 하나님의 은혜로 되어지는 것입니다. 이것을 놓칠 때 우리가 인본주의적인 삶, 율법주의적인 삶을 살게 되는 것입니다. 은혜는 헬라어로 '카리스'라고 하는데 이는 '자격이 없으면서 받는 사랑', '공짜로 받는 사랑'을 일컫습니다. 이것이 바로 은혜입니다. 우리가 받은 복음은 바로 은혜의 복음입니다. 사도행전 20:24을 보면, 사도 바울이 복음을 가리켜 '하나님의 은혜의 복음'이라고 직접적으로 표현했습니다. 복음은 우리에게 주시는 하나님의 은혜를 담고 있습니다.

특히 하나님의 은혜는 우리의 행위와 노력이 아니라 전적인 하나님의 선물로 주어진 것입니다. 다음 성경 말씀을 보면, 이 사실을 분명히 밝히고 있습니다. 너희는 그 은혜에 의하여 믿음으로 말미암아 구원을 받았으니 이것은 너희에게서 난 것이 아니요 하나님의 선물이라 행위에서 난 것이 아니니 이는 누구든지 자랑하지 못하게 함이라 (에베소서 2:8~9) 그래서 우리는 그저 감사함으로 받기만 하면 됩니다. 그러나 우리가 놓치지 말아야 할 것은 이 복음을 은혜로 값없이 받았지만, 이 은혜의 복음이 있기까지는 값으로 환산할 수 없는 희생이 있었다는 것입니다.

그리스도께서 하나님 곧 우리 아버지의 뜻을 따라 이 악한 세대에서 우리를 건지시려고 우리 죄를 대속하기 위하여 자기 몸을 주셨으니 _갈라디아서 1:4

바울은 예수 그리스도의 죽음이라는 값으로 환산할 수 없는 희생을 통해 주어진 복음의 핵심을 말하고 있습니다. 첫째는 예수님께서 하나님 아버지의 뜻을 따라 죽으셨다는 것입니다. 우연히 발생한 것이 아니라 하나님의 계획 속에 진행된 것입니다. 이미 창세기 3장에서 범죄한 인간을 위해 하나님께서 여자의 후손을 보내실 것을 약속하셨습니다. 이사야 7:14에는 처녀가 잉태하여 아들을 낳을 것이요 그의 이름을 임마누엘이라 하리라고 말씀하시면서 이 사실을 재차 확인시켜 주셨습니다. 그리고 마태복음 1:21~23에 보면 이 약속의 말씀이 성취되었음을 밝히셨습니다.

둘째로 예수님께서 죽으신 이유가 악한 세대에서 우리를 건지시기 위함이었음을 밝히고 있습니다. 그리고 그 방법은 자기 몸을 희생함으로 죄 문제를 해결하는 것이었습니다. 로마서 5:10에 보면 예수 그리스도께서 화목제물 되심으로 죄로 인해 막혀 있던 담을 완전히 허시고 부활하셔서 하나님 만나는 길, 참된 회복의 길을 여신 것입니다. 창세기 3장 사건으로 단절되었던 하나님과 인간 사이의 관계를 완벽하게 해결하셨습니다.

이 구원의 진수를 설명하면서 사도 바울은 갈라디아서 1:5에서 감격에 겨워 영광이 그에게 세세토록 있을지어다라고 고백합니다. 우리의 삶은 이처럼 내가 받은 은혜의 복음이 얼마나 크고 놀라운지에 대한 감사와 감격이 흘러넘쳐야 합니다. 각종 문제와 사건 속에서 남이 나에게 상처를 주고 힘들게 하는 상황 속에서도 내가 받은 은혜의 복음을 묵상해 보면, 내가 나 된 것은 하나님의 은혜로 된 것이라는 고백만이 나올 것입니다. 이렇게 되면 자연스럽게 여러분 내면의 깊은 곳으로부터 참 기쁨, 참 감사, 참 평안이 솟아납니다. 이것이 바로 세상에서 승리하는 근원적인 힘입니다.

유일한 복음

그리스도의 은혜로 너희를 부르신 이를 이같이 속히 떠나 다른 복음을 따르는 것을 내가 이상하게 여기노라 다른 복음은 없나니 다만 어떤 사람들이 너희를 교란하여 그리스도의 복음을 변하게 하려 함

이라 _갈라디아서 1:6~7

문안 인사를 마친 사도 바울은 바로 본론으로 들어가면서 아주 엄한 책망을 하기 시작했습니다. 바울은 지금 갈라디아 교인들이 영적으로 변질했다고 말하고 있습니다. 그것도 속히 떠났다고 말하면서 자신은 도저히 납득이 되지 않는다는 것입니다. 여기서 떠난다는 것은 충성의 대상을 바꾼다는 뜻이 있습니다. 마치 군인이 근무지를 이탈하거나 탈영했을 때 쓰는 단어입니다. “하나님의 은혜로 말미암아 구원받은 너희가 어떻게 그렇게도 급변해서 다른 복음을 좇아가느냐”는 것입니다.

사실 앞의 성경 말씀에 나오는 ‘다른 복음’이라는 것은 존재하지 않습니다. 있다면 그것은 복음이 아니며, 다만 복음으로 위장한 것에 불과합니다. 유대주의자들이 주장하는 율법주의, 공로주의, 인본주의, 형식주의를 마치 복음인 것처럼 가장시켜 놓은 것입니다. 복음은 여러 개가 될 수 없습니다. 복음은 모든 시대와 문화를 초월해서 예수 그리스도의 복음밖에 없습니다. 예수 그리스도가 복음이며 그분이 우리에게 전한 것이 복음입니다. 갈라디아서 1:8~9에 보면 바울은 자신들이 전했던 복음 외에 다른 복음을 전하면 하늘로부터 온 천사라 할지라도 저주를 받을 것이라고 강조했습니다. 이 말은 복음과 진리에 관해서는 한 치의 양보도 없으며, 목에 칼이 들어와도 타협하거나 양보할 수 없다는 것입니다. 왜냐하면 이것이 영혼 살리는 유일한 길이기 때문입니다.

사도행전 4:12에도 이 사실이 나오고 있습니다. 다른 이로써는 구원을 받을 수 없나니 천하 사람 중에 구원을 받을 만한 다른 이름을 우리에게 주신 일이 없음이라 하였더라 그리고 요한복음 14:6에서는 예수님께서 친히 이 사실을 밝히셨습니다. 예수께서 이르시되 내가 곧 길이요 진리요 생명이니 나로 말미암지 않고는 아버지께로 올 자가 없느니라 오직 예수 외에는 다른 길이 없다는 것입니다. 복음은 이처럼 유일성을 가지고 있는 동시에 절대성을 가지고 있습니다. 오직 예수 그리스도를 믿음으로써만 구원을 얻게 되어 있습니다. 이것은 절대 불변의 진리입니다.

유명한 복음 전도자 존 스타트 목사가 갈라디아서 강해집을 내놓으면서 「Only one way」라는 제목을 붙였습니다. 오직 한 길이라는 의미인데 한국어판 제목은 '자유에 이르는 오직 한 길'입니다. 창세기 3장 문제에서 빠져나오는 유일한 길은 오직 예수 그리스도만을 통해 주어지며, 이것이 유일한 복음이라는 것입니다. 성경은 진리를 알지니 진리가 너희를 자유롭게 하리라 (요한복음 8:32), 그러므로 아들이 너희를 자유롭게 하면 너희가 참으로 자유로우리라 (요한복음 8:36)라고 밝히고 있습니다. 진리 되신 예수 그리스도만이 인생을 참 자유하게 하는 유일한 길이 된다는 사실을 우리는 분명히 알아야 합니다.

100% 순수한 원색 복음

이제 내가 사람들에게 좋게 하랴 하나님께 좋게 하랴 사람들에게 기쁨을 구하랴 내가 지금까지 사람들의 기쁨을 구하였다면 그리스도의 종이 아니니라 _갈라디아서 1:10

바울은 오직 예수 그리스도를 통해 구원의 길, 참 자유의 길, 영생의 길에 들어선 하나님의 자녀가 어떤 삶을 살아야 하는지 결론적으로 밝혔습니다. "이제 내가 사람들에게 좋게 하랴 하나님께 좋게 하랴"는 이 말씀에는 비록 사람들로부터 자신이 어떤 비난과 핍박을 받는다 할지라도 예수 그리스도의 복음만이 유일한 복음이라는 사실을 지키겠다는 바울의 강력한 의지가 담겨 있습니다.

창세기 3장의 세상 현장은 갈수록 영적 혼합주의가 득세하고 있습니다. 사탄이 가장 즐겨 쓰는 술책 중 하나는 핍박이고, 다른 하나는 혼합시키는 것입니다. 알곡 가운데 가라지를 뿌려서 변질시켜 버리는 것입니다. 하나님 중심이 아니라 인간 중심의 삶이 진리인 것처럼 속이는 것입니다. 뭔가 복음만으로는 부족하다고 속이며, 하나님의 진리에 인간적 사랑이나 지식이 들어가야 융통성이 있고 뭔가 완전한 것처럼 착각하게 만듭니다. 우리는 여기에 절대 속지 말아야 합니다.

사도 바울은 고린도후서 2:17에서 이렇게 고백했습니다. 우리는 수많은 사람들처럼 하나님의 말씀을 혼잡하게 하지 아니하고 곧 순전함으로 하나님께 받은 것 같이 하나님 앞에서와 그리스도 안에서 말하노라 영적으로 혼잡하게 만드는 현실 속에서 순수하고 진실하게 예수 그리스도의 유일한 복음만을 있는 그대로 전했다는 것입니다. 하나님의 진리에 인간적인 불순물이 들어가면 성령의 역사가 일어나지 않습니다. 100% 순수한 원색 복음만이 영혼을 치유하고 새 힘을 주고 현장 변화를 일으키는 것입니다. 모든 독자 여러분은 유일한 은혜의 복음인 그리스도의 복음으로 충만하여 하나님 나라를 확장해 나가는 그리스도의 절대 제자가 다 되시기를 예수 그리스도의 이름으로 축복합니다.

02 택정함의 은혜

11형제들아 내가 너희에게 알게 하노니
내가 전한 복음은 사람의 뜻을 따라 된 것이 아니니
라 12이는 내가 사람에게서 받은 것도 아니요 배운
것도 아니요 오직 예수 그리스도의 계시로 말미암은
것이라 13내가 이전에 유대교에 있을 때에 행한 일을
너희가 들었거니와 하나님의 교회를 심히 박해하여
멸하고14내가 내 동족 중 여러 연갑자보다 유대교를
지나치게 믿어 내 조상의 전통에 대하여 더욱 열심이
있었으나 15그러나 내 어머니의 태로부터 나를 택정
하시고 그의 은혜로 나를 부르신 이가 16그의 아들을
이방에 전하기 위하여 그를 내 속에 나타내시기를
기뻐하셨을 때에 내가 곧 혈육과 의논하지 아니하고
17또 나보다 먼저 사도 된 자들을 만나려고 예루살렘
으로 가지 아니하고 아라비아로 갔다가 다시 다메섹
으로 돌아갔노라 18그 후 삼 년 만에 내가 게바를
방문하려고 예루살렘에 올라가서 그와 함께 십오
일을 머무는 동안 19주의 형제 야고보 외에 다른
사도들을 보지 못하였노라 20보라 내가 너희에게
쓰는 것은 하나님 앞에서 거짓말이 아니로다 21그 후
에 내가 수리아와 길리기아 지방에 이르렀으나
22그리스도 안에 있는 유대의 교회들이 나를 얼굴로
는 알지 못하고 23다만 우리를 박해하던 자가
전에 멸하려던 그 믿음을 지금 전한다 함을 듣고
24나로 말미암아 하나님께 영광을 돌리니라

_갈라디아서 1:11~24

은혜 의식

갈라디아서는 복음을 통해 주어진 참 자유를 누리는 것에 대해 강조했습니다. 우리가 예수 그리스도를 믿을 때 죄와 사망과 사탄의 권세로부터 완전 자유함을 얻게 되는 것이 인생 최고의 축복임을 선언하는 말씀입니다. 마틴 루터는 로마서와 갈라디아서 말씀을 읽으면서 당시의 교회가 성경에 기록된 교회의 모습이 아니었고, 그리스도인들의 삶도 성경에 나타난 그리스도인의 삶이 아니라는 것을 깨닫게 되었습니다. 그래서 그때부터 성경에 나타나 있는 그대로의 복음을 선포하기 시작했던 것입니다. 자신은 갈라디아서와 결혼했다고 말할 정도로 루터의 삶을 전환한 말씀이 바로 이 갈라디아서입니다.

이번 챕터는 예수 그리스도의 유일한 복음으로 인해 과거의 삶으로부터 참 자유함을 얻은 바울이 자기의 삶을 간증하는 내용입니다. 사도 바울의 자서전이라고 말할 수 있는 말씀이기도 합니다. 특별히 자기가 이렇게 자유의 삶을 살게 된 것은 전적인 하나님의 절대주권임을 반복해서 강조하고 있습니다. 그렇기 때문에 모든 것이 하나님의 은혜라는 것입니다. 신앙생활은 바울처럼 이런 은혜 의식이 바탕에 깔린 삶을 사는 것이 중요합니다. 이렇게 될 때 삶이 변화되고 성장의 축복이 임하게 되어 있습니다.

주권적 은혜

형제들아 내가 너희에게 알게 하노니 내가 전한 복음은 사람의 뜻을 따라 된 것이 아니니라 이는 내가 사람에게서 받은 것도 아니요 배운 것도 아니요 오직 예수 그리스도의 계시로 말미암은 것이라

_갈라디아서 1:11~12

바울은 자신이 전한 복음이 바울 자신의 생각이나 주관적인 철학을 전달한 것이 아니라 근본적으로 하나님이 주신 복음임을 강조했습니다. 그리고 이 복음의 출처가 오직 예수 그리스도의 계시였음을 밝혔습니다. '계시'라는 말은 헬라어로 '아포칼립시스'이며 '뚜껑을 열다'라는 의미를 가지고 있습니다. 지금까지 감추었던 것을 펼쳐 보인다는 것입니다. 쉽게 이야기하면 어떤 행사를 할 때 현판이나 동상에 흰 천을 덮어씌워서 사람들에게 보이지 않게 하다가 행사의 하이라

이트로 천을 벗겨서 그 실체를 보게 하는 것과 같습니다.

로마서 16:25~26에서 사도 바울은 이런 계시의 복음을 강조했습니다. 나의 복음과 예수 그리스도를 전파함은 영세 전부터 감추어졌다가 이제는 나타내신 바 되었으며 영원하신 하나님의 명을 따라 선지자들의 글로 말미암아 모든 민족이 믿어 순종하게 하시려고 알게 하신 바 그 신비의 계시를 따라 된 것이니 복음은 이처럼 그 주체가 하나님이십니다. 세상의 모든 종교는 인간이 노력하고 추구해서 뭔가를 깨달아가는 것이라면, 복음은 하나님께서 친히 우리에게 보여주시는 계시의 특징을 가지고 있습니다.

마태복음 16장을 보면 이 사실을 아주 잘 보여주고 있습니다. 예수님께서 제자들에게 "사람들이 인자를 누구라 하느냐"고 묻자 제자들은 "더러는 세례 요한, 더러는 엘리야, 어떤 이는 예레미야나 선지자 중의 하나라 하나이다"라고 답했습니다. 그러자 예수님께서 다시 "너희는 나를 누구라 하느냐?"라고 질문하셨습니다. 이때 시몬 베드로가 대답했습니다. "주는 그리스도시요 살아 계신 하나님의 아들이시니이다" 이 대답을 듣고 예수님께서 몹시 기뻐하시면서 이렇게 말씀하셨습니다. "바요나 시몬아 네가 복이 있도다 이를 네게 알게 한

이는 혈육이 아니요 하늘에 계신 내 아버지시니라" 이것이 바로 복음이 하나님의 계시임을 나타내는 것입니다.

여러분이 가지고 있는 구원의 복음은 아무에게나 깨달아지는 것이 아닙니다. 아무리 지식이 뛰어난 사람이라 할지라도, 아무리 큰 권력을 쥐고 있는 사람이라도 하나님께서 신비의 커튼을 열어 알게 해 주시지 않으면 깨닫지 못합니다. 그런데 놀랍게도 이 복음을 하나님께서 우리에게 보여주셨습니다. 이것은 여러분의 노력과 의도가 아닌 하나님의 절대주권적인 역사입니다. 그러니 자랑할 것도 없고 하나님의 베푸신 은혜에 감사밖에 할 말이 없는 것입니다.

● 내가 이전에 유대교에 있을 때에 행한 일을 너희가 들었거니와 하나님의 교회를 심히 박해하여 멸하고 내가 내 동족 중 여러 연갑자보다 유대교를 지나치게 믿어 내 조상의 전통에 대하여 더욱 열심이 있었으나 그러나 내 어머니의 태로부터 나를 택정하시고 그의 은혜로 나를 부르신 이가 _갈라디아서 1:13~15

바울은 자신이 하나님으로부터 부름을 받은 것이 하나님의 전적인 주권 속에 이루어진 은혜임을 간증하고 있습니다. 특히 내 어머니의 태로부터 자신을 택정하셨다고 고백했습니다. 이 말은 태어나기 전부터 이미 하나님에 의해 선택되었다는 것을 말합니다. 하나님께서 자신이 세상에 태어나기 전에 만세 전부터 예정하시고 택해 놓으셨다는 것입니다. '택정하다'라는 말은 헬라어로 '아포리조'이며, 원어적 의미는 '떼어놓다', '분리하다'라는 뜻입니다. 이것은 멸망할 자와 구분하여 구원할 자로 삼았다는 의미와 함께 특정한 직분과 사역을 위해 구별해 놓았다는 의미가 담겨 있습니다. 바울은 자신이 하나님의 절대주권적인 계획 속에 부름을 받았고 그것이 전적인 하나님의 은혜임을 고백했습니다. 바울은 이 고백을 하면서 예수님을 믿기 이전의 삶을 간증했는데, 자신은 보통 유대인이 아니라 유대교의 광신자였음을 고백했습니다.

광적인 율법주의자, 유대주의자였던 바울은 십자가에 달려 죽은 예수를 믿는 사람에 대해서 철저한 박해를 가했습니다. 율법에 의하면 나무에 달려 죽은 자는 저주를 받은 자이기 때문에 어떻게 저주받아 죽은 자가 자기들을 구원할 수 있겠느냐고 생각했던 것입니다. 그래서 바울은 자기 나름대로 하나님에 대한 열심을 가지고 기독교인들을 핍박했습니다.

그러던 그가 인생의 터닝 포인트를 맞게 된 것이 바로 다메섹 사건입니다. 다메섹 도상에서 예수가 그리스도이심을 발견하고 인생의 대전환이 시작된 것입니다. 여기에 대해 바울은 그것이 전적인 하나님의 은혜이며 하나님의 계획하심이었음을 고백했습니다. 사도 바울이 이렇게 간증하는 이유는 율법의 폐해가 얼마나 큰지 복음의 은혜가 얼마나 놀라운지 비교해서 갈라디아 교인들에게 다시금 각인시키기 위함이었습니다. 사도 바울이 자신의 과거 율법적 삶에 대해 이렇게 사실적으로 밝히는 것은 절대 율법적 삶에 빠지지 말라는 것입니다. 자신은 열심을 가지고 있었지만, 방향이 잘못된 삶을 살았으니 속지 말라는 것입니다. 우리는 하나님으로부터 택정함을 받고 복음 안에 있다는 것이 얼마나 큰 은혜인지 사실적으로 누리는 삶을 살아야 합니다. 그래서 아직도 복음이 주는 축복을 모르고 복음이라는 단어조차 들어보지 못한 이들을 살리는 현장 변화의 주역이 되어야 할 것입니다.

택정함의 이유

그의 아들을 이방에 전하기 위하여 그를 내 속에 나타내시기를 기뻐

하셨을 때에 내가 곧 혈육과 의논하지 아니하고 _갈라디아서 1:16

바울은 하나님께서 자신을 만세 전부터 택정하신 이유가 그의 아들을 이방에 전하기 위함이었다고 밝혔습니다. 사도행전 9장을 보면, 사도 바울이 다메섹 도상에서 인생의 전환점을 맞이한 이후에 주의 제자 중 하나인 아나니아에게서 팀 사역을 받는 장면이 나옵니다. 그런데 주께서 환상 중에 아나니아에게 바울에게 팀사역 하기를 명하시자 아나니아는 핍박자의 대명사였던 바울에게 어떻게 그러느냐고 묻습니다. 그때 주께서 이같이 말씀하셨습니다. 주께서 이르시되 가라 이 사람은 내 이름을 이방인과 임금들과 이스라엘 자손들에게 전하기 위하여 택한 나의 그릇이라 (사도행전 9:15) 아나니아의 팀 사역을 통해 이 사실을 알게 된 사도 바울은 일평생 이 미션을 실현하기 위해 일심, 전심, 지속한 것입니다. 바울은 건강이 회복되자 다메섹에서부터 즉시 여러 회당을 돌며 복음을 전하기 시작했고 가는 곳마다 복음을 전파하는 전도자로서의 삶을 살았습니다.

갈라디아서 1:21에도 보면 바울이 수리아를 거쳐 길리기아 지방에서 사역했음을 알 수 있습니다. 길리기아 지방의 수도는 다소인데 여기는 바로 바울의 고향이었습니다. 이 지역에서 7년 동안 머무르면서 복음을 증거했는데 바나바가 바울을 찾으러 와서 안디옥으로 데리고 온 것입니다. 바울이 안디옥에서 바나바와 함께 사역하면서 안디옥교회 제자들은 처음으로 그리스도인이라는 일컬음을 받게 되었습니다. 그리고 사도행전 13장에서 첫 선교사로 파송 받으면서부터 바울은 이방인의 사도로서 이방인 복음화를 위해 남은 생을 바쳤습니다.

저와 여러분을 하나님께서 택정하셔서 구원의 대열에 서게 하시고 참 복음, 찐복음을 먼저 깨닫게 하신 이유가 여기에 있습니다. 그것을 가지고 있지만 말고 전하라는 것입니다. 우리는 복음을 전파하는 삶을 살아가야 합니다. 그것이 바로 하나님께서 우리를 택정하신 이유입니다.

생명 살리는 미션

요즘 방송 보도를 보면 그것이 진짜 우리나라에서 일어난 일이 맞느냐고 되물을 정도로 끔찍한 범죄들이 일어나고 있습니다. 의붓 아빠가 20개월 된 영아를 폭행해 숨지게 하거나, 잔소리하고 심부름시켜서 짜증이 난다고 부모 대신 자신들을 키워준 친할머니를 칼로 찔러 숨지게 한 형제의 범죄 등 너무나 잔혹한 범죄 뉴스가 많습니다. 이 때문에 한국 사회가 잔혹 사회가 되었다는 말까지 나오고 있습니다. 이런 잔인한 사건을 보며 사람들은 또 마음속에 분노를 품습니다. 그리고 그 분노는 계속 악순환을 하면서 서로에게 악영향을 끼칩니다.

우리는 도둑질하고 죽이고 멸망시키려고 온 사탄의 공격에 다 당하고 있는 현장의 실상을 보고 언약적 한을 가져야 합니다. 이러한 사건들의 본질에는 영적 문제가 있습니다. 영적 문제는 복음으로밖에 해결할 수가 없습니다. 그래서 하나님께서 우리를 부르신 것입니다. 내가 온 것은 양으로 생명을 얻게 하고 더 풍성히 얻게 하려는 것이라 (요한복음 10:10) 우리는 이런 예수 그리스도의 생명 살리는 미션을 가슴에 품고 사도 바울처럼 예수 그리스도의 복음으로 세상을 바꾸는 삶을 살아가야 합니다. 찐복음을 가진 여러분이 가는 곳마다 생명적 역동이 일어나게 되기를 예수 그리스도의 이름으로 축복합니다.

03 나는 복음 체질인가?

11게바가 안디옥에 이르렀을 때에 책망 받을 일이 있기로 내가 그를 대면하여 책망하였노라 12야고보에게서 온 어떤 이들이 이르기 전에 게바가 이방인과 함께 먹다가 그들이 오매 그가 할례자들을 두려워하여 떠나 물러가매 13남은 유대인들도 그와 같이 외식하므로 바나바도 그들의 외식에 유혹되었느니라 14그러므로 나는 그들이 복음의 진리를 따라 바르게 행하지 아니함을 보고 모든 자 앞에서 게바에게 이르되 네가 유대인으로서 이방인을 따르고 유대인답게 살지 아니하면서 어찌하여 억지로 이방인을 유대인답게 살게 하려느냐 하였노라 15우리는 본래 유대인이요 이방 죄인이 아니로되 16사람이 의롭게 되는 것은 율법의 행위로 말미암음이 아니요 오직 예수 그리스도를 믿음으로 말미암는 줄 알므로 우리도 그리스도 예수를 믿나니 이는 우리가 율법의 행위로써가 아니고 그리스도를 믿음으로써 의롭다 함을 얻으려 함이라 율법의 행위로써는 의롭다 함을 얻을 육체가 없느니라 17만일 우리가 그리스도 안에서 의롭게 되려 하다가 죄인으로 드러나면 그리스도께서 죄를 짓게 하는 자냐 결코 그럴 수 없느니라 18만일 내가 헐었던 것을 다시 세우면 내가 나를 범법한 자로 만드는 것이라 19내가 율법으로 말미암아 율법에 대하여 죽었나니 이는 하나님에 대하여 살려 함이라 20내가 그리스도와 함께 십자가에 못 박혔나니 그런즉 이제는 내가 사는 것이 아니요 오직 내 안에 그리스도께서 사시는 것이라 이제 내가 육체 가운데 사는 것은 나를 사랑하사 나를 위하여 자기 자신을 버리신 하나님의 아들을 믿는 믿음 안에서 사는 것이라 _갈라디아서 2:11~20

절대 복음 체질

예전에 한 아웃도어 업체에서 한국인이 느끼는 마음의 온도라는 독특한 주제로 설문 조사를 한 적이 있습니다. 세대별로 200명씩 총 1천 명을 대상으로 조사했는데 0도를 기준으로 심리적으로 힘든 정도를 영하 온도로, 만족스러운 정도를 영상 온도로 표현했습니다. 그런데 조사한 결과 우리나라 사람들의 평균 마음의 온도가 영하 14도였다고 합니다. 특히 취업 준비생의 마음의 온도가 영하 24.2도로 심리적 추위가 가장 심했습니다. 최근에 이런 조사를 한다면 아마도 자영업자들의 마음의 온도가 가장 낮지 않을까 싶습니다.

그렇다면 이런 시대적 상황 속에서 우리가 어떤 영적 자세를 가지고 이런 환경을 뛰어넘어야 하겠습니까? 중요한 것 중의 하나가 우리의 체질을 바꾸는 것입니다. 체질은 본래 가지고 태어난 신체적 특성과 정신적 특성 그리고 여러 가지 다른 특성을 합친 포괄적인 개념입니다. 이런 체질을 개선하자는 말이 우리 삶의 전 분야에 걸쳐서 일어나고 있습니다. 건강을 위해 체질을 개선해야 하는 것은 두말

할 필요도 없고 정치, 경제, 사회적으로도 과거에 가지고 있었던 체질을 바꾸지 않으면 살아남지 못한다며 체질 개선을 하려고 부단히 노력하고 있습니다.

그런데 이런 체질 개선은 쉽게 이루어지지 않습니다. 한꺼번에 180도 바뀌는 것이 아니므로 지속적인 개선이 필요합니다. 영적 부분에서도 마찬가지입니다. 기존에 우리가 가지고 있던 체질을 한마디로 표현하면 옛 체질, 율법 체질이라고 할 수 있습니다. 이런 율법 체질을 복음 체질로 바꾸는 과정을 우리는 신앙생활이라고 합니다. 이번 챕터의 제목은 '나는 복음 체질인가?' 입니다. 신앙생활을 하는 데뿐만 아니라 삶의 모든 현장 속에서 내가 절대 복음 체질만 되면 환경과 상관없이 참 자유함을 누릴 수 있게 됩니다. 문제와 사건이 걸림돌, 장애물이 아니라 디딤돌, 발판이 되는 것입니다.

앞의 성경 말씀에 기록된 베드로와 관련된 일화는 일명 안디옥 사건이라고 알려진 유명한 내용입니다. 초대교회의 대표적인 두 지도자였던 바울과 베드로가 충돌한 사건으로, 더 정확하게 말하면 바울이 베드로를 공개적으로 책망하는 사건이 안디옥에서 일어났던 것에 대한 이야기입니다. 사도 바울은 이 사건을 통해 율법 체질의 옛 틀을 깨고, 복음 체질의 새 틀을 갖출 것을 강조했습니다. 특히 갈라디아교회 성도들에게 이 사실을 언급하면서 갈라디아서의 핵심 주제인 율법 아닌 믿음으로 의롭게 된다는 이신칭의(以信稱義)의 구원 진리를 강조하고 있습니다. 오직 은혜로 주어지는 복음적 삶의 축복을 사실적으로 누리고 현장 변화의 주역으로 서라는 것입니다. 이 말씀을 통해 우리는 복음이 주는 축복을 다시금 깨닫는 삶의 계기를 만들어야 합니다.

체질 변화의 중요성

게바가 안디옥에 이르렀을 때에 책망 받을 일이 있기로 내가 그를 대면하여 책망하였노라 야고보에게서 온 어떤 이들이 이르기 전에 게바가 이방인과 함께 먹다가 그들이 오매 그가 할례자들을 두려워하여 떠나 물러가매 남은 유대인들도 그와 같이 외식하므로 바나바도 그들의 외식에 유혹되었느니라 _갈라디아서 2:11~13

앞의 성경 말씀은 베드로가 안디옥에 왔을 때 벌어진 사건에 대해 언급하고 있습니다. 베드로는 자기가 가지고 있던 율법적 편견을 깨고 이방인이었다가 예수 그리스도를 인생의 주인으로 모셔들이고 하나님의 자녀가 된 개종자들과 함께 식사를 하며 교제했습니다. 사람과 사람이 만나서 식사의 교제를 나누는 것이 뭐가 그렇게 대단한 일이냐고 생각할 수 있지만, 당시 유대인들에게는 이방인들과 함께 식사한다는 것은 상상조차 할 수 없는 일이었습니다. 유대인들은 이방인들을 자신들의 율법 전통에 따라 불결한 존재로 보았고, 그들이 만든 음식도 부정한 것으로 여겼기 때문에 베드로가 이들과 식사 교제를 하는 것은 율법의 틀을 깨는 대단한 결단이었습니다. 지금도 보수적인 유대인들은 비행기로 여행할 때 별도의 기내식을 주문하기도 할 정도입니다. 이렇게 전통적인 유대교 율법에 따라 식재료를 선택하고 조리한 음식을 코셔라고 하며, 우리가 많이 들어본 적이 있는 할랄은 이슬람 율법이 허용한 음식을 말합니다.

그런데 앞의 성경 말씀을 보면 한 가지 문제가 발생했습니다. 베드로가 나름대로 이방인 신자들과 함께 음식을 나누면서 교제를 하고 있었는데 예루살렘에서 온 유대 율법주의자들이 도착하자 베드로가 이들에게 공격받는 것을 두려워하여 더 이상 이방인들과 교제하지 않고 그들을 멀리했습니다. 베드로가 이렇게 하니까 다른 유대인 형제들도 따라서 그렇게 했고 결국 바나바까지 외식하는 처지에 이르게 되었습니다. 베드로가 또 순간적으로 율법의 옛 틀에 갇혀버린 것입니다. 체질을 바꾼다는 것이 이렇게 힘들고, 옛 틀을 깨고 새 틀을 갖추기가 쉽지 않은 것입니다.

그러므로 나는 그들이 복음의 진리를 따라 바르게 행하지 아니함을 보고 모든 자 앞에서 게바에게 이르되 네가 유대인으로서 이방인을 따르고 유대인답게 살지 아니하면서 어찌하여 억지로 이방인을 유대인답게 살게 하려느냐 하였노라 _갈라디아서 2:14

사도 바울은 마치 복음보다 율법이 우선인 것처럼 보이는 행동을 하는 베드로를 보고 가만히 있을 수가 없었습니다. 결국 복음의 진리를 왜곡하는 모습이었기 때문에 바울은 베드로를 공개적인 자리에서 질책했습니다. 베드로의 행동을 만약 그냥 넘어간다면 당시 베드로의 위상과 영향력을 볼 때 많은 이방인들의 신앙을 송두리째 흔들어버릴 뿐만 아니라 앞으로도 이방인에게 복음이 전파되는 데 큰 문제가 될 수 있었기 때문이었습니다.

갈라디아서 2장 말씀을 시작하면서도 바울은 복음의 참 자유함을 누리지 못하게 하는 거짓 형제들, 다시 말해서 유대 율법주의자들의 간악한 궤계에 속지 말아야 할 것을 강조했습니다. 이들은 바울이 전하고 가르친 복음을 불완전한 반쪽짜리 진리라고 갈라디아 교인들에게 속였던 것입니다. 그들은 바울이 복음을 이방인들에게 전하다 보니 율법이나 할례 같은 것을 가르치기 어려워서 그 내용을 빼고 일부만 전한 것이라고 가르쳤습니다. 오직 믿음이 아니라 율법을 지켜야만 구원 얻을 수 있다는 것입니다.

지금도 일부에서는 이와 비슷한 주장을 하기도 합니다. 그들은 인간의 행위 구원을 강조하는데 하나님의 전적인 은혜로 구원받는 것이 아니라 인간의 행위가 있어야만 한다고 말합니다. 하지만 이 같은 이야기는 모두 바울의 표현처럼 다른 복음을 주장하는 것입니다. 우리는 속지 말아야 합니다. 사탄은 어떻게 해서든 인본주의 체질로 가게 만듭니다. 하나님 말씀 중심이 아니라 인간 중심적 생각으로 체질이 굳어지게 만드는 것입니다. 영적으로 우리는 어정쩡한 자세를 취해서는 절대 안 됩니다. 오직 그리스도의 영적 관점을 가지고 모든 문제와 사건을 분별해야 하는 것입니다. 그리스도의 눈으로 바라보면 답이 나옵니다.

갈라디아서 2장에서 사도 바울은 이렇게 강조했습니다. 그들에게 우리가 한시도 복종하지 아니하였으니 이는 복음의 진리가 항상 너희 가운데 있게 하려 함이라 (갈라디아서 2:5) 여러분, 항상 복음의 진리로 충만한 삶을 사시기를 바랍니다. 오직 그리스도, 오직 하나님 나라, 오직 성령 충만한 삶을 살아가야 합니다. 이를 위해서는 강단에서 선포되는 복음 메시지를 자기 것으로 체질화시켜야 합니다. 그래야만 현장에서 영적 영향력을 입혀나가는 그리스도의 절대 제자가 될 수 있는 것입니다.

절대 복음 체질

사람이 의롭게 되는 것은 율법의 행위로 말미암음이 아니요 오직 예수 그리스도를 믿음으로 말미암는 줄 알므로 우리도 그리스도 예수를 믿나니 이는 우리가 율법의 행위로써가 아니고 그리스도를 믿음으로써 의롭다 함을 얻으려 함이라 율법의 행위로써는 의롭다 함을 얻을 육체가 없느니라 _갈라디아서 2:16

이 말씀은 갈라디아서 전체에서 제일 중요한 구절이라고 할 수 있습니다. 복음의 핵심이 다 나와 있기 때문입니다. "사람이 의롭게 되는 것은 율법의 행위로 말미암음이 아니요 오직 예수 그리스도를 믿음으로 말미암는 줄 알므로" 이것이 복음의 요약입니다. 이 성경 구절은 복음이 하나님의 전적인 은혜로 주어진 것임을 강조하고 있습니다. 내가 노력해서 의를 세우는 것이 아니라 예수 그리스도를 믿는 순간 자연스럽게 의가 세워지는 것입니다. 아무도 인간의 의를 가지고는 하나님께 나아갈 수 없습니다.

이사야 64장을 보면, 무릇 우리는 다 부정한 자 같아서 우리의 의는 다 더러운 옷 같으며 우리는 다 잎사귀 같이 시들므로 우리의 죄악이 바람 같이 우리를 몰아가나이다 (이사야 64:6)라고 말씀하고 있습니다. 우리의 의는 다 더러운 옷과 같아서 쓸모가 없는 것입니다. 또 로마서 3장에는, 모든 사람이 죄를 범하였으매 하나님의 영광에 이르지 못하더니 그리스도 예수 안에 있는 속량으로 말미암아 하나님의 은혜로 값없이 의롭다 하심을 얻은 자 되었느니라 (로마서 3:23~24)라고 되어 있습니다. 우리가 의인이라 칭함을 받을 수 있는 것은 예수 그리스도의 십자가 속량으로 되어진 것입니다.

종교개혁자 마틴 루터는 십자가를 신비한 교환이 이루어지는 장소라고 했습니다. 죄와 사망은 예수 그리스도께서 가져가시고 의와 생명을 부여해 주시는 장소가 바로 십자가입니다. 십자가에서 인생의 저주가 하늘로부터 임하는 신령한 축복으로 교환된 것입니다. 그래서 이것을 즐거운 교환이라고 이름 붙였습니다. 예수 그리스도의 값으로 환산할 수 없는 희생을 통해 우리는 값없이 의와 생명을 부여받은 것입니다. 이것이 놀라운 하나님의 은혜입니다. 그렇다면 이렇게 하나님의 은혜를 체험한 우리는 어떤 삶을 살아가야 합니까? 바울은 하나님의 은혜로 구원받은 자가 어떤 삶을 살아야 하는지 그 답을 주고 있습니다.

내가 그리스도와 함께 십자가에 못 박혔나니 그런즉 이제는 내가 사는 것이 아니요 오직 내 안에 그리스도께서 사시는 것이라 이제 내가 육체 가운데 사는 것은 나를 사랑하사 나를 위하여 자기 자신을 버리신 하나님의 아들을 믿는 믿음 안에서 사는 것이라 _갈라디아서 2:20

과거의 내 체질, 내 습관, 내 계획, 내 동기의 모든 옛 틀을 다 십자가에 못 박아 버리고 이제는 오직 그리스도가 되는 절대 복음 체질이 되어야 합니다. 특히 십자가에 못 박혔다는 것에는 아주 중요한 의미가 담겨 있습니다. 멸망 받아야 하는 나는 없어졌고, 흑암 저주에 매인 나의 운명도 없어졌다는 말입니다.

그러니 이제부터는 어떤 삶을 살게 되겠습니까? 그리스도께서 내 안에 사시는 삶을 사는 것입니다. 마태복음 28:18~20에 말씀하고 있듯이 세상 끝날까지 우리와 영원토록 함께 하시는 그리스도를 24시간 누리는 것입니다. 이를 통해 하늘 보좌의 축복을 누리며 시공간을 초월하여 영원의 축복을 체험하게 되는 것입니다. 우리는 그리스도가 내 안에 사는 삶의 축복이 얼마나 크고 놀라운지 그 축복의 실체를 붙잡아야 합니다. 다음 성경 말씀에 그 내용이 나와 있습니다. 그러나 너희는 택하신 족속이요 왕 같은 제사장들이요 거룩한 나라요 그의 소유가 된 백성이니 이는 너희를 어두운 데서 불러 내어 그의 기이한 빛에 들어가게 하신 이의 아름다운 덕을 선포하게 하려 하심이라 (베드로전서 2:9) 택하신 족속, 왕 같은 제사장, 거룩한 나라, 하나님의 소유가 된 백성이니 우리의 삶은 완벽히 보장되었다는 것입니다. 그러니 우리 모두는 이런 영적 정체성을 분명히 잡고 더 이상 서론적인 것에 매이지 않으며 참 복음의 진리를 선포하는 삶을 살아가야 할 것입니다.

주님이 인도하는 삶

기도 응답의 대명사인 조지 뮬러 목사에게 어떤 사람이 물었습니다.

"선생님은 어떻게 그렇게 능력 있는 크리스천의 삶을 사십니까?"

그때 조지 뮬러가 이렇게 대답했습니다.

"나는 내 생애에 내가 죽었던 날이 있었습니다. 못된 내가 튀어나와서 실패하고 좌절하고 넘어집니다. 그런 내가 죽었습니다. 내가 죽으면 나를 살리신 주님께서 부활의 주로서 내 인생 속에 함께하십니다. 내가 할 수 없는 일을 그분은 하십니다. 나는 상상도 못 할 일을 그분은 해내십니다. 이제는 내가 산 것이 아니라 나를 사랑하사 나의 죄를 위하여 십자가에 죽으시고 부활하신 그 주님이 내 생애 속에 사십니다. 그뿐입니다."

독자 여러분, 어떤 상황 속에서도 오직 그리스도가 나를 주관하는 능력 있는 삶을 살아가시기 바랍니다, 주님이 안에 계셔서 인도하시는 삶, 찐복음 인생을 살아가게 되시기를 예수 그리스도의 이름으로 축복합니다.

04 복음의 위력(偉力)

1어리석도다 갈라디아 사람들아 예수 그리스도께서 십자가에 못 박히신 것이 너희 눈 앞에 밝히 보이거늘 누가 너희를 꾀더냐 2내가 너희에게서 다만 이것을 알려 하노니 너희가 성령을 받은 것이 율법의 행위로냐 혹은 듣고 믿음으로냐 3너희가 이같이 어리석으냐 성령으로 시작하였다가 이제는 육체로 마치겠느냐 4너희가 이같이 많은 괴로움을 헛되이 받았느냐 과연 헛되냐 5너희에게 성령을 주시고 너희 가운데서 능력을 행하시는 이의 일이 율법의 행위에서냐 혹은 듣고 믿음에서냐 6아브라함이 하나님을 믿으매 그것을 그에게 의로 정하셨다 함과 같으니라 7그런즉 믿음으로 말미암은 자들은 아브라함의 자손인 줄 알지어다_갈라디아서 3:1~7

최고의 축복

갈라디아서는 크게 세 부분으로 나눌 수 있습니다. 첫 번째 부분은 1장과 2장입니다. 여기서 바울은 자신이 전한 오직 예수 그리스도의 십자가 대속과 부활의 복음만이 참 복음이며 다른 복음은 없다는 사실을 강조했습니다. 특히 자신의 사도권을 시비 걸어 참 복음의 진리를 왜곡하려고 했던 유대 율법주의자들의 공격에 대해 자신의 사도권은 하나님으로부터 온 것임을 강조했습니다. 3장부터 4장까지는 두 번째 부분으로 사도 바울이 칭의의 교리를 아주 일목요연하게 논증하는 교리적 부분입니다. 그리고 마지막 5장과 6장은 이런 올바른 복음을 어떻게 적용해서 영적 영향력을 입혀나갈 수 있는지에 대한 실천적 메시지를 담고 있습니다.

사도 바울은 갈라디아서 3장의 말씀을 통해 우리 인생의 절망적인 과거와 변화된 현재와 소망 가득한 미래에 대한 모습을 율법과 복음을 비교하면서 보여주고 있습니다. 과거에는 율법에 사로잡혀 있었지만, 예수 그리스도가 오신 이후 인간은 더 이상 율법에 매인 바 되지 않고 참으로 자유롭게 새로운 인생을 살 수 있게 되었습니다. 이것이 복음의 위력이라는 것입니다. 그리고 복음 안에서 주어진 새로운 축복, 변화된 인생이 누릴 수 있는 참된 축복을 강조하면서 율법의 굴레 속에 더 이상 매여 있지 말 것을 강조했습니다.

우리는 이 비밀을 기록된 말씀을 통해 자연스럽게 받아들일 수 있지만, 사도 바울 시대의 사람들은 그렇지 못했습니다. 당시 교인들은 늘 율법으로 정죄를 당했고 죄책감으로 양심의 가책을 느끼며 살았기 때문에 하루도 마음 편할 날이 없었습니다. 그러다가 갑자기 복음을 통해 엄청난 자유가 주어졌습니다. 지금까지 자신들을 얽매어 왔던 율법이 아닌 참 자유를 주는 복음을 접하고서는 이래도 되는 것인가라는 의문이 계속해서 이들의 머릿속에 메아리쳤던 것입니다. 예를 들어 매일 매를 맞고 지내는 사람은 하루라도 매를 맞지 않으면 오히려 더 불안한 법입니다. 언제 맞을까 하면서 계속 눌려 있고, 과연 이래도 되는가 하면서 오히려 정죄를 받고 매 한 대 맞는 것이 더 편할 것 같아서 율법으로 다시 돌아가려고 합니다. 유대 율법주의자들은 옆에서 이 같은 생각이 들도록 자꾸만 부추겼습니다.

그래서 사도 바울이 안타까움을 가지고 이들에게 "왜 이렇게 어리석은 행동을 하느냐, 영적인 사실을 제대로 알아야지 왜 율법주의자들의 속임수에 속고 있느냐."라고 책망했던 것입니다. 우리는 분명히 기억해야 합니다. 복음은 모든 것이고, 복음은 완전무결하고, 복음이 주는 축복은 무한합니다. 예수 그리스도 안에만 들어오면 인생 모든 문제가 완벽히 해결되고 놀라운 신분 변화의 축복을 받게 됩니다. 이제는 예수 그리스도의 무한한 권능을 힘입는 삶을 살게 되는 것입니다. 여러분 인생의 대진표가 바뀐 것입니다. 이것이 복음의 위력이며, 여러분에게 주어진 최고의 축복입니다.

하나님이 정하신 의(義)

어리석도다 갈라디아 사람들아 예수 그리스도께서 십자가에 못 박히신 것이 너희 눈 앞에 밝히 보이거늘 누가 너희를 꾀더냐 내가 너희에게서 다만 이것을 알려 하노니 너희가 성령을 받은 것이 율법의 행위로냐 혹은 듣고 믿음으로냐 너희가 이같이 어리석으냐 성령으로 시작하였다가 이제는 육체로 마치겠느냐 _갈라디아서 3:1~3

바울은 직설적으로 갈라디아 교인들이 유대교 거짓 교사들의 유혹에 빠진 것을 꾸짖고 있습니다. 여기서 '어리석도다'라는 말은 눈에 뭐가 씌운 것처럼 영적 분별력이 없는 것을 말합니다. 그러면서 바울이 복음을 전할 당시의 상황을 떠올리게 합니다. 마치 예수님께서 그들 눈앞에서 달려 돌아가신 것처럼 성령의 능력 안에서 복음이 생생하게 전달되는 것을 바울이 보았다는 것입니다. 바울이 그렇게 복음을 전했을 뿐만 아니라 바울이 전한 복음을 들은 갈라디아 성도들도 눈으로 본 것처럼 생생하게 감동해서 복음을 받아들이고 행복했습니다. 아직도 그때의 기억이 선명한데 어찌 그 은혜를 헛되이 여기고 율법의 행위로 구원에 이른다고 착각하고 있느냐는 말입니다.

사도 바울은 다음 성경 말씀을 통해 구원을 받는 것이 율법의 행위가 아닌 복음을 듣고 믿을 때 이루어지는 것임을 강조했습니다. 너희가 성령을 받은 것이 율법의 행위로냐 혹은 듣고 믿음으로냐 너희가 이같이 어리석으냐 성령으로 시작하였다가 이제는 육체로 마치겠느냐 (갈라디아서 3:2~3) 갈라디아교회 성도들이 성령을 받을 때 무슨 특별한 노력을 한 것이 아니었습니다. 그때 너희들이 복음을 듣고 믿음으로 성령을 받지 않았느냐는 것입니다. 오순절 마가다락방에서 성령이 공식적으로 임했을 때 제자들이 금식하고 율법을 지켜서 임하셨던 것이 아니었습니다. 예수님의 약속대로 임하셨던 것입니다. 바울은 율법주의자들의 속임수에 속고 있는 갈라디아 교인들을 향해서 한 가지 예를 들어 쉽게 설명했습니다.

아브라함이 하나님을 믿으매 그것을 그에게 의로 정하셨다 함과 같으니라 그런즉 믿음으로 말미암은 자들은 아브라함의 자손인 줄 알지어다 _갈라디아서 3:6~7

바울은 이스라엘 백성들이 믿음의 조상으로 여기는 아브라함을 들어 설명했습니다. 핵심은 아브라함이 율법을 지켜 구원받았느냐 아니면 하나님을 믿은 것 하나만으로 구원받았느냐는 것입니다. 정답은 하나님을 믿었기 때문에 구원을 받은 것입니다. 창세기 15:6에 답이 있습니다. 아브람이 여호와를 믿으니 여호와께서 이를 그의 의로 여기시고 아브라함이 하나님을 믿었기 때문에 그것을 하나님께서 의로 여기신 것입니다. 오직 믿음 이것이 하나님이 정하신 의를 얻게 되는 길입니다.

사실 율법이라는 것은 아브라함이 살았던 시대에는 없었습니다. 율법은 모세가 시내산에서 십계명을 받은 이후에 생겨난 것입니다. 그렇기 때문에 율법을 지킴으로써 구원을 얻게 된다는 율법주의자들의 주장은 앞뒤가 맞지 않는 거짓입니다. 그런데 이런 율법주의자들의 공격은 여기서 그치지 않았습니다. 그렇다면 왜 하나님께서 율법을 주셨느냐는 것입니다. 율법을 주신 분도 하나님이시지 않느냐는 주장입니다. 여기에 대해 바울은 당시 문화를 예로 들면서 이해하기 쉽게 설명해주었습니다.

믿음이 오기 전에 우리는 율법 아래에 매인 바 되고 계시될 믿음의 때까지 갇혔느니라 이같이 율법이 우리를 그리스도께로 인도하는 초등교사가 되어 우리로 하여금 믿음으로 말미암아 의롭다 함을 얻게 하려 함이라 믿음이 온 후로는 우리가 초등교사 아래에 있지 아니하도다 _갈라디아서 3:23~25

바울은 율법이 우리를 그리스도에게로 인도하는 초등교사의 역할을 하는 것임을 밝혔습니다. 초등교사는 헬라어로 '파이다고고스'라고 하는데 어린아이를 가르치는 가정교사라는 의미를 가지고 있습니다. 당시 헬라 사회에서는 어린 자녀들에게 초등 학문을 가르쳐 주고 그들의 행동을 돌보아주는 노예 출신의 가정교사가 있었습니다. 이들에게는 아이를 때릴 수 있는 권한까지 주어졌으며 아주 엄하게 아이들을 가르쳤다고 합니다. 그리고 이 초등교사의 역할은 아이들이 성인이 되면 끝나게 되어 있었습니다. 율법은 이와 같이 인간을 예수 그리스도께로 인도하는 초등교사의 역할을 감당함과 동시에 믿음이 온 이후, 다시 말해 예수 그리스도가 오신 이후로는 더 이상 사람들에게 영향력을 입힐 수 없게 된 것입니다.

좀 더 쉽게 설명해 드리면 율법은 거울과도 같은 역할을 합니다. 여러분이 잠자고 아침에 일어나서 거울을 보게 되면 간밤에 어떤 상태로 잠을 잤는지 다 드러납니다. 눈곱도 끼고 침 흘린 자국도 있을 것이고 헝클어진 머리 등 온갖 지저분하고 추한 모습들이 다 드러납니다. 그렇게 되면 빨리 가서 씻어야겠다는 생각이 드는 것입니다. 율법의 역할이 이와 같습니다. 율법을 보면 볼수록 나 자신이 얼마나 죄인인가를 깨닫도록 합니다. 그리고 죄를 씻기 위해 예수 앞에 나가는 것이 필요함을 가르쳐 주는 것입니다. 빨리 예수 앞으로 나아가면 깨끗하게 해결된다는 것입니다.

일본의 유명한 신학자 우치무라 간조가 쓴 「구안록(求安錄)」이라는 책이 있습니다. 이 책 제목인 구안록은 평안을 구하는 글이라는 뜻을 가지고 있는데, 이 책에서 그는 인간적인 노력으로 평안을 찾으려고 애썼던 자신의 고뇌에 대해 고백합니다. 그는 평안을 위해 다양한 노력을 했지만 모두 허사였다고 밝힙니다. 그러다가 책의 결말에 이르러 이런 간증을 합니다.

"그래서 마침내 골고다의 언덕까지 왔습니다. 거기서 나는 거친 나무 십자가를 보았습니다. 그리고 거기에 매달리신 예수님을 보게 되었습니다. 나는 그 십자가 앞에서 무릎을 꿇었습니다. 그때 비로소 나는 이 죄에서부터 해방이 되고 하나님이 나의 하나님이신 것을 알게 되고 예수께서 나의 구주이신 것을 알게 되었습니다."

독자 여러분, 오직 그리스도 외에는 답이 없습니다. 우리 인생을 참 자유하게 해 주시는 분은 오직 예수 그리스도밖에 없습니다. 하나님께서 우리에게 정하신 절대 의의 기준은 예수 그리스도입니다. 그리스도 예수 안에 우리를 살리신 모든 보화가 담겨 있음을 깨닫게 되시기 바랍니다.

오직 믿음으로 사는 의인

무릇 율법 행위에 속한 자들은 저주 아래에 있나니 기록된 바 누구든지 율법 책에 기록된 대로 모든 일을 항상 행하지 아니하는 자는 저주 아래에 있는 자라 하였음이라 또 하나님 앞에서 아무도 율법으로 말미암아 의롭게 되지 못할 것이 분명하니 이는 의인은 믿음으로 살리라 하였음이라 _갈라디아서 3:10~11

바울은 율법주의자들의 주장에 대해 불완전한 인간은 결코 율법을 온전히 지킬 수 없음을 밝혔습니다. 율법은 100가지 중 99가지를 다 지킨다 해도 한 가지만 지키지 못하면 율법을 범한 것이 됩니다. 그렇기 때문에 애초에 율법을 모두 지킨다는 것은 불가능한 일입니다. 바울은 이런 율법주의자들 앞에서 "의인은 믿음으로 말미암아 살리라"라고 분명하게 선포했습니다. 로마서 1:17에서는 더 구체적으로 이 사실을 선포했습니다. 복음에는 하나님의 의가 나타나서 믿음으로 믿음에 이르게 하나니 기록된 바 오직 의인은 믿음으로 말미암아 살리라 함과 같으니라 신앙생활은 믿음으로 시작되고 믿음으로 지속하고 믿음으로 완성되므로, 항상 필요한 것이 믿음입니다. 바울은 우리가 이런 믿음으로 의롭다 함을 얻고 믿음으로 살 수 있는 근거를 밝히고 있습니다.

그리스도께서 우리를 위하여 저주를 받은 바 되사 율법의 저주에서 우리를 속량하셨으니 기록된 바 나무에 달린 자마다 저주 아래에 있는 자라 하였음이라 이는 그리스도 예수 안에서 아브라함의 복이 이방인에게 미치게 하고 또 우리로 하여금 믿음으로 말미암아 성령의 약속을 받게 하려 함이라 _갈라디아서 3:13~14

예수 그리스도의 십자가 속량을 통해 우리는 내 의가 아닌 하나님의 의, 내 행위가 아닌 하나님의 긍휼과 은혜를 보게 됩니다. 십자가 앞에 섰을 때 우리는 두 가지 사실을 놓치지 말아야 합니다. 한 가지는 우리가 십자가의 대가를 지불하지 않고는 도저히 구원받을 수 없을 만큼 큰 죄인이었다는 것입니다. 이런 죄인이 하나님의 은혜로 값없이 구원을 받았습니다. 믿음으로 죄인에서 의인으로 칭함을 받았기 때문에 감사할 수밖에 없습니다. 다른 한 가지는 여러분 한 사람 한 사람이 십자가의 값비싼 대가를 지불하고 구원시켜주실 만큼 존귀한 존재라는 것입니다. 하나님께서는 여러분 한 사람을 택하셔서 왕 같은 제사장이요, 거룩한 나라요, 하나님의 소유된 백성으로 부르셨다는 사실을 놓치지 마시기를 바랍니다. 이것이 여러분의 절대 가치입니다.

특히 예수 그리스도를 믿는 그 순간부터 성령과 함께하는 새로운 인생이 시작된다는 사실을 분명히 붙잡아야 합니다.

성령께서 여러분과 영원히 함께하시며 인도하시고 능력을 주셔서 세상을 이기게 만드시는 것입니다. 기도할 때 주의 사자를 앞서 보내셔서 지키시고, 기도할 때 흑암 세력이 꺾이고, 기도할 때 하나님 나라가 임하고 제자가 세워지는 놀라운 역사가 일어나기 시작합니다. 종교개혁자 요한 칼빈이 이런 말을 했습니다. “복음의 능력은 무한하나 그 효험은 믿는 자에 한합니다.” 여러분이 복음의 위력, 복음이 주는 축복을 분명히 믿을 때 그 축복이 고스란히 여러분의 것이 됩니다.

홍해 앞에 섰던 이스라엘 백성들과 모세의 차이점이 무엇입니까? 가데스바네아에서 가나안 입성을 앞두고 보인 이스라엘 백성들의 모습과 여호수아의 차이점이 무엇입니까? 아낙 산지 앞에 섰던 이스라엘 백성들과 갈렙의 차이점이 무엇입니까? 바로 믿음과 불신앙 차이입니다. 눈앞의 환경을 보고 불신앙 했던 이스라엘 백성들은 그들의 입으로 원망과 불평을 쏟아냈습니다. 그러나 모세와 여호수아, 갈렙은 달랐습니다.

"너희는 두려워하지 말고 가만히 서서 여호와께서 오늘 너희를 위하여 행하시는 구원을 보라(출애굽기 14:13)"
"우리가 곧 올라가서 그 땅을 취하자 능히 이기리라(민수기 13:30)"
"그들은 우리의 먹이라(민수기 14:9)"
"이 산지를 지금 내게 주소서(여호수아 14:12)"

결정적인 순간에 믿음의 고백을 하는 자들에게 하나님께서 시대적인 응답을 주십니다. 민수기 14:28에 이 사실을 밝혔습니다. 너희 말이 내 귀에 들린 대로 내가 너희에게 행하리니 여러분, 어떤 상황과 환경 속에서도 절대 불신앙의 말, 원망과 불평을 하지 마시고 당당한 믿음의 고백을 하시기 바랍니다. 오직 믿음으로 사는 의인이라는 사실을 놓치지 마시기 바랍니다.

믿음의 만렙

'만렙'이라는 게임 용어가 있습니다. 한자와 영어의 합성어인데 가득 찼다는 뜻의 한자 찰 만(滿)과 게임에서 캐릭터의 성장 수준을 나타내는 레벨(Level)을 합쳐 만든 용어입니다. 쉽게 설명하면 온라인

게임에서 사용하는 캐릭터의 레벨이 최고치에 이르렀다는 것으로 게임을 즐기는 아이들에게는 최고의 선망이 되는 레벨입니다. 요즘 이 만렙이 다양하게 사용되고 있습니다. 실생활에서 특출한 행동을 하거나 남들과는 다른 무엇인가가 있을 때 칭찬의 의미로 사용합니다. 그래서 공부를 무척 잘하는 학생에게는 공부 만렙이라고 하고, 육아를 잘하면 육아 만렙, 축구를 잘하면 축구 만렙, 집중력이 탁월하면 집중력 만렙이라고 표현합니다.

독자 여러분, '믿음의 만렙'이 되어 영적으로 최고 수준에 오르시기를 바랍니다. 그럼으로써 여러분 모두가 어떤 상황 속에서도 흔들림 없이 복음의 위력을 체험하여 현장을 변화시켜 나가게 되시기를 예수 그리스도의 이름으로 축복합니다.

05 유업을 이을 자

1내가 또 말하노니 유업을 이을 자가 모든 것의 주인이나 어렸을 동안에는 종과 다름이 없어서 2그 아버지가 정한 때까지 후견인과 청지기 아래에 있나니 3이와 같이 우리도 어렸을 때에 이 세상의 초등학문 아래에 있어서 종 노릇 하였더니 4때가 차매 하나님이 그 아들을 보내사 여자에게서 나게 하시고 율법 아래에 나게 하신 것은 5율법 아래에 있는 자들을 속량하시고 우리로 아들의 명분을 얻게 하려 하심이라 6너희가 아들이므로 하나님이 그 아들의 영을 우리 마음 가운데 보내사 아빠 아버지라 부르게 하셨느니라 7그러므로 네가 이 후로는 종이 아니요 아들이니 아들이면 하나님으로 말미암아 유업을 받을 자니라 8그러나 너희가 그 때에는 하나님을 알지 못하여 본질상 하나님이 아닌 자들에게 종 노릇 하였더니 9이제는 너희가 하나님을 알 뿐 아니라 더욱이 하나님이 아신 바 되었거늘 어찌하여 다시 약하고 천박한 초등학문으로 돌아가서 다시 그들에게 종 노릇 하려 하느냐 10너희가 날과 달과 절기와 해를 삼가 지키니 11내가 너희를 위하여 수고한 것이 헛될까 두려워하노라 _갈라디아서 4:1~11

천국의 기업을 상속 받을 상속자

신앙생활을 하면서 가장 중요한 것 중의 하나가 영적 정체성을 분명히 하는 것입니다. 정체성이 분명해야 거기에 걸맞은 삶을 살기 때문입니다. 사도 바울은 갈라디아서 4장을 통해 우리가 가지고 있어야 할 중요한 영적 정체성이 이번 챕터의 제목처럼 '유업을 이을 자'라고 밝혔습니다. 바울은 갈라디아서 3장을 마무리하면서 "너희가 그리스도의 것이면 곧 아브라함의 자손이요 약속대로 유업을 이을 자니라."라고 강조했습니다. 우리가 그리스도의 것이며 영적 아브라함의 후손이고 당연히 유업을 이을 자가 된다는 것입니다.

그리고 갈라디아서 4장에서 보다 구체적으로 이 부분에 대해 설명하고 있습니다. 유업이 무엇입니까? 문자적으로는 선대로부터 물려받은 사업을 의미합니다. 성경에는 유업이 여러 가지 의미를 가지고 있는데, 유업이라는 표현 대신 기업이라는 표현으로 많이 나타납니다. 구약성경에서 기업은 땅, 재산, 소유, 상속의 뜻으로 쓰였습니다. 이스라엘 백성들은 기업을 하나님이 그들에게 주신 선물이라고 여겼습니다. 궁극적으로는 하나님의 것이기 때문에 자신들은 청지기로서 기업을 잘 보존해야 한다고 생각했습니다. 그래서 후손이 없이 죽었을 경우 자기의 친족 중에서 기업을 무르는 고엘이라는 제도가 있기도 했습니다. 신약에서 기업이라는 뜻은 주로 천국을 차지하는 특권이란 영적 의미로 쓰였습니다.

이번 챕터에 나오는 유업도 이와 같은 의미입니다. 예수 그리스도의 십자가 대속의 죽음과 부활, 승천을 통해 예수 그리스도를 믿는 자는 누구든지 영원한 기업인 영생과 하나님 나라를 얻게 되었습니다. 그래서 유업을 이을 자라는 말은 천국의 기업을 상속받을 후사 곧 상속자라는 말입니다. 우리가 하나님 나라를 상속받는 유업을 이을 자로 부름을 받았다는 것은 그 어떤 것과 비교할 수 없는 영적 축복임을 우리가 분명히 붙잡아야 합니다.

변화된 신분 의식

내가 또 말하노니 유업을 이을 자가 모든 것의 주인이나 어렸을 동안에는 종과 다름이 없어서 그 아버지가 정한 때까지 후견인과 청지기 아래에 있나니 이와 같이 우리도 어렸을 때에 이 세상의 초등학문 아래에 있어서 종 노릇 하였더니 _갈라디아서 4:1~3

바울은 당시의 문화를 비유로 예수 그리스도가 오시기 전까지 율법 아래 있던 인간의 상황에 관해서 설명했습니다. 그 당시에는 아무리 주인의 아들이라 해도 성년식을 하기 전에는 종처럼 대우를 받았습니다. 쉽게 말해 종보다 나을 것이 별로 없었다는 것입니다. 어린 상속자는 그가 실제 모든 것의 주인임에도 불구하고 어려서는 유업을 이을 능력이 없으므로 종과 마찬가지로 후견인과 청지기의 보호와 도움이 필요했던 것입니다. 후견인은 법적으로 어린아이를 보호하는 역할을 했고 청지기는 재산과 노예를 관리했습니다. 그런데 이렇게 후견인과 청지기의 도움을 받던 어린 상속자가 장성하여 성인이 되면 상황이 달라집니다. 자신의 모든 권리를 회복하게 되고 후견인과 청지기의 모든 권리는 종결되는 것입니다.

앞의 성경 말씀에 나오는 후견인과 청지기, 초등학문은 모두 율법을 뜻합니다. 예수 그리스도께서 오시기 전 우리가 아직 율법 아래 있을 때에도 우리는 아브라함에게 주신 하나님의 언약에 따라 상속자들이었습니다. 그러나 율법의 후견인과 청지기에게 매인 자들로서 실제적인 권한은 없고 참 자유를 누리지 못하는 미성년자와 같았다고 말을 하는 것입니다. 이 말은 신앙생활을 처음 하는 새 신자들은 이해가 잘 안 되는 부분일 수 있습니다. 그런데 복음을 듣기 전에 율법적인 지배를 받은 경험이 많은 사람은 이 말씀이 무슨 말씀인지 빨리 이해할 것입니다. 이런 경험 없이 복음을 들은 사람은 복음을 시시하게 생각할 수도 있고, 복음의 설교를 들을 때 매일 그 소리가 그 소리 같다고 생각할 수 있습니다.

그러나 믿는다고 하면서도 율법의 체제 밑에서 심한 종살이를 해 본 사람은 말씀 한 마디 한 마디가 그렇게 생생할 수가 없습니다. 저도 율법적으로 정죄하는 문화 속에서 살았기 때문에 복음이 주는 축복이 얼마나 크고 놀라운지 눈만 뜨면 감사가 나오고, 영적 해방, 자유, 누림을 만끽하게 됩니다. 우리가 영적으로 무감각해져서는 안 됩니다. 시간이 흐를수록 더 깊이 복음의 위력을 체험하는 삶을 살아야 합니다. 그래서 사도 바울이 예수 그리스도 안에 감추어진 그 놀라운 비밀의 너비와 길이와 높이와 깊이가 어떠한지 체험해 보라고 강조하는 것입니다.

때가 차매 하나님이 그 아들을 보내사 여자에게서 나게 하시고 율법 아래에 나게 하신 것은 율법 아래에 있는 자들을 속량하시고 우리로 아들의 명분을 얻게 하려 하심이라 _갈라디아서 4:4~5

'때가 차매'라는 말은 하나님께서 생각하신 시간이 다 되었다는 것입니다. 여기서 '때'는 예수 그리스도가 오셔서 복음의 새 시대가 열린 그 역사적 사건을 말하는 것입니다. 하나님의 시간표에 따라 예수 그리스도께서 창세기 3:15에 예언된 대로 여자의 후손으로 오셨습니다. 그리고 율법 시대에 오셨기 때문에 율법 아래에 나셨는데 그분은 죄가 없으셨고 모든 율법의 요구 사항을 다 완성하셨습니다. 그래서 율법 아래 갇혀 종노릇 하던 자들을 속량하시고 아들의 명분을 얻게 하신 것입니다. '속량'이라는 말은 대단히 값비싼 대가를 지불하고 노예를 노예 된 자리에서 자유롭게 하는 것을 가리킵니다. 그런데 주님은 여기서 머물지 않으시고 한 걸음 더 나아가 우리에게 하나님의 아들이라는 명분까지 주셨습니다. 죄에서 자유하게 해 주신 것만도 고마운데 하나님의 아들로 삼아주셨고 이를 사실적으로 체험할 수 있도록 성령까지 보내주셨습니다.

너희가 아들이므로 하나님이 그 아들의 영을 우리 마음 가운데 보내사 아빠 아버지라 부르게 하셨느니라 그러므로 네가 이 후로는 종

이 아니요 아들이니 아들이면 하나님으로 말미암아 유업을 받을 자니라 _갈라디아서 4:6~7

예수 그리스도를 믿음으로 하나님의 자녀 된 자들에게만 예수 그리스도의 영인 성령께서 내주하시게 되어 있습니다. 하나님의 자녀 삼아주심이 명분으로 끝나지 않고 성령을 보내 주셔서 예수님처럼 우리를 하나님과 친숙한 관계로 만드시는 놀라운 은혜를 주셨습니다. 하나님을 '아빠 아버지'라 부를 수 있게 하셨습니다. 로마서 8:15~16에 보면, 너희는 다시 무서워하는 종의 영을 받지 아니하고 양자의 영을 받았으므로 우리가 아빠 아버지라고 부르짖느니라 성령이 친히 우리 영과 더불어 우리가 하나님의 자녀인 것을 증언하시나니라고 말씀하셨습니다.

여기서의 '아빠'는 아람어로 친자식이 아버지를 부르는 호칭입니다. 우리말로 하면 아버지가 아닌 아빠가 됩니다. 친아들이 아니면 아빠라는 호칭을 쓰기 어렵습니다. 이는 우리가 하나님 앞에 친자녀가 아버지에게 느끼는 그런 감정으로 나아가게 된다는 뜻입니다.

하나님은 그것으로 끝내지 않으시고, 우리를 유업을 잇는 상속자로 삼아주셨습니다. '유업 이을 자'는 헬라어로 '클레로노모스'라고 하는데 하나님 나라의 백성들이 누리는 모든 축복을 소유한 자를 의미합니다. 그래서 하나님이 나를 위하여 예비하신 모든 좋은 것을 누리게 되었습니다. 이 얼마나 영광스러운 특권입니까? 이렇게 유업 이을 자로 하나님을 아빠로 부를 수 있는 특권의 핵심이 무엇입니까? 바로 기도할 수 있다는 것입니다. 우리가 기도드리는 대상은 우상이 아닙니다. 사탄이나 귀신이 아닙니다. 우리는 전지전능하신 창조주 하나님을 아빠라 부르면서 기도드릴 수 있는 것입니다. 하나님께서 우리에게 "네 입을 크게 열라 내가 채우리라"라고 말씀하셨습니다. 기도의 입을 크게 열면 만족하게 채우시는 하나님께서 우리에게 응답해 주신다는 것입니다. 여러분의 변화된 신분에 걸맞게 하나님께 모든 것을 구하시기 바랍니다.

영적 해산의 수고

내가 처음에 육체의 약함으로 말미암아 너희에게 복음을 전한 것을 너희가 아는 바라 너희를 시험하는 것이 내 육체에 있으되 이것을 너희가 업신여기지도 아니하며 버리지도 아니하고 오직 나를 하나님의 천사와 같이 또는 그리스도 예수와 같이 영접하였도다 너희의 복이 지금 어디 있느냐 내가 너희에게 증언하노니 너희가 할 수만 있었더라면 너희의 눈이라도 빼어 나에게 주었으리라 _갈라디아서 4:13~15

바울이 갈라디아 지역에 복음을 전할 때 바울의 모습은 말이 아니었습니다. 외모적인 것뿐만 아니라 그가 가지고 있던 고질병인 안질과 간질로 인해 그 모습을 본 사람들이 오히려 시험에 들 수 있을 정도로 심각했습니다. 그러나 이들은 바울을 마치 하나님의 천사와 같이, 예수 그리스도와 같이 영접했고 심지어 자기의 눈을 빼서 주려고 할 정도로 아름다운 관계를 유지했었습니다. 서로를 복음의 눈으로 바라보았기 때문에 가능했던 일입니다.

그런데 바울이 떠난 이후 유대의 율법주의자들이 들어와서 가라지를 뿌린 후로는 이런 복음적인 눈이 다시 율법적인 눈으로 바뀌게 되었습니다. 그래서 바울이 절실한 마음으로 이들이 복음으로 돌이킬 것을 권면했지만, 오히려 바울과 등을 돌렸던 것입니다. 율법이 이렇게 무서운 것입니다. 바울은 갈라디아서 4장 17~18절에서 율법주의자들의 말을 따르는 것이 좋은 일이면 자신이 왜 이렇게까지 말리겠느냐고 말했습니다. 율법주의자들은 아주 열심히 갈라디아 교인들을 위해 헌신하는 것처럼 보였습니다. 그러나 그들의 궁극적인 목적은 갈라디아 교인들로 하여금 예수 그리스도 안에 있는 참 자유에서 멀어지도록 하는 것이었습니다. 그렇기 때문에 바울은 가만히 있을 수가 없었습니다. 바울은 19절에 다시 한번 중심을 담은 고백을 갈라디아 교인들에게 했습니다.

나의 자녀들아 너희 속에 그리스도의 형상을 이루기까지 다시 너희를 위하여 해산하는 수고를 하노니 _갈라디아서 4:19

바울의 최종 목적은 갈라디아 교인들 속에 그리스도의 형상이 이루어지는 것입니다. 그들을 오직 그리스도, 오직 하나님 나라, 오직 성령 충만의 삶으로 인도하겠다는 것입니다. 그리고 이를 위해 바울 자신은 해산의 수고를 감수하겠다는 말입니다. 진정한 전도는 한 사람을 예수 믿게만 만드는 것에서 끝나는 것이 아니라 예수 그리스도의 복음으로 완전 체질화될 수 있도록 인도해 주는 것입니다. 우리도 바울처럼 이런 영적 해산의 수고를 하여 사람들에게 그리스도의 형상을 회복시켜 주는 전도자의 삶을 살아가야 할 것입니다.

그리스도의 절대 제자

인간이 겪는 가장 큰 고통 중의 하나가 해산의 고통입니다. 남자들은 그 고통을 알 수가 없지만, 아이를 낳아본 여자들은 이 말이 이해될 것입니다. 그런데 이상한 것은 그렇게 고통을 당해 아이를 낳고도 또 아이를 낳고 싶으냐고 물어보면 다시 낳고 싶다고 말합니다. 왜냐하면 아이가 주는 기쁨이 그 모든 고통을 다 넘어서기 때문입니다. 영적으로도 마찬가지입니다. 우리는 영적 해산의 수고를 넘어서 영적 해산의 기쁨을 맛보는 삶을 살아야 합니다.

그런데 지금 시대 한국 교회가 이런 영적 해산의 기쁨을 맛보지 못하고 있습니다. 대부분의 교단과 교회에서 성도의 수가 감소하고 있습니다. 우리는 이런 시대적 상황 속에서 다시금 영적 해산의 기쁨을 맛보는 삶을 살아야 합니다. 외적 형식만 갖춘 채 외식적인 종교생활을 하는 자, 영적 문제로 유리방황하고 있는 불신자들을 그리스도의 형상으로 회복시키는 사명이 우리에게 있습니다. 이것이 예수 그리스도의 유업을 받고 그 유업을 잇는 삶을 사는 것입니다. 모든 독자 여러분이 이런 언약적, 복음적 유업을 잇는 그리스도의 절대 제자가 다 되시기를 예수 그리스도의 이름으로 축복합니다.

06 다시는 종의 멍에를 메지 말라

1그리스도께서 우리를 자유롭게 하려고 자유를 주셨으니 그러므로 굳건하게 서서 다시는 종의 멍에를 메지 말라 2보라 나 바울은 너희에게 말하노니 너희가 만일 할례를 받으면 그리스도께서 너희에게 아무 유익이 없으리라 3내가 할례를 받는 각 사람에게 다시 증언하노니 그는 율법 전체를 행할 의무를 가진 자라 4율법 안에서 의롭다 함을 얻으려 하는 너희는 그리스도에게서 끊어지고 은혜에서 떨어진 자로다5우리가 성령으로 믿음을 따라 의의 소망을 기다리노니 6그리스도 예수 안에서는 할례나 무할례나 효력이 없으되 사랑으로써 역사하는 믿음뿐이니라 7너희가 달음질을 잘 하더니 누가 너희를 막아 진리를 순종하지 못하게 하더냐 8그 권면은 너희를 부르신 이에게서 난 것이 아니니라 9적은 누룩이 온 덩이에 퍼지느니라 10나는 너희가 아무 다른 마음을 품지 아니할 줄을 주 안에서 확신하노라 그러나 너희를 요동하게 하는 자는 누구든지 심판을 받으리라 11형제들아 내가 지금까지 할례를 전한다면 어찌하여 지금까지 박해를 받으리요 그리하였으면 십자가의 걸림돌이 제거되었으리니 12너희를 어지럽게 하는 자들은 스스로 베어 버리기를 원하노라 13형제들아 너희가 자유를 위하여 부르심을 입었으나 그러나 그 자유로 육체의 기회를 삼지 말고 오직 사랑으로 서로 종 노릇 하라 14온 율법은 네 이웃 사랑하기를 네 자신 같이 하라 하신 한 말씀에서 이루어졌나니 15만일 서로 물고 먹으면 피차 멸망할까 조심하라 _갈라디아서 5:1~15

자유와 해방

코로나19 팬데믹으로 인해 지금 우리가 많은 제약을 받고 있습니다. 그 특징 중 하나가 그동안 우리가 일상에서 아주 자연스럽게 누리던 자유를 누리지 못한다는 것입니다. 방역지침으로 인해 모이는 자유가 제한되고 국가 간 여행을 할 수 있는 이동의 자유도 제한되고 있습니다. 식당에서도 시간과 인원 제한을 받고 있으며, 마스크를 꼭 착용해야 하므로 맑은 공기를 마음껏 마실 수도 없는 그런 환경 속에서 살고 있습니다. 그동안 전혀 생각도 못 했던 일상의 자유가 새삼스럽게 소중하게 느껴지는 상황입니다.

사실 인류의 역사를 보면 다양한 자유를 회복하기 위한 투쟁사라고 할 수 있습니다. 이스라엘 백성의 출애굽도 애굽의 노예 생활로부터 해방되고 자유를 얻기 위한 시간이었습니다. 독립전쟁, 노예해방전쟁 등 수많은 전쟁의 목적이 자유를 찾기 위함이었습니다. 미국 독립운동가 패트릭 헨리가 "자유가 아니면 죽음을 달라"는 유명한 연설을 했는데, 지금까지도 우리에게 회자되고 있습니다. 우리나라도 일제 36년간의 압제를 끊는 독립운동과 한국전쟁을 치르면서 해방과 자유를 얻기 위해 엄청난 희생을 치렀습니다. 탈북자들의 목숨 건 탈북도 자유를 찾아서입니다. 그만큼 자유가 주는 의미가 크다고 할 수 있습니다.

우리가 지금 살펴보고 있는 갈라디아서를 통해 사도 바울이 전하고자 하는 메시지의 핵심도 자유입니다. 이번 챕터는 '그리스도인의 자유의 마그나카르타' 다시 말해 '자유의 대헌장'이라는 별칭이 붙은 말씀입니다. 챕터의 제목인 '다시는 종의 멍에를 메지 말라'는 사도 바울의 선언도 결국 영적인 자유함을 누리라는 선언입니다. 신앙생활을 하면서 자유함을 누리지 못하는 것만큼 억울한 일도 없습니다. 이번 챕터 말씀을 통해 여러분의 삶에 평안을 빼앗아 가는 것들로부터 완전 자유함을 누리게 되시기를 바랍니다.

영적 자유함의 유일한 통로

그리스도께서 우리를 자유롭게 하려고 자유를 주셨으니 그러므로 굳건하게 서서 다시는 종의 멍에를 메지 말라 _갈라디아서 5:1

이 말씀은 바울이 지금까지 갈라디아 교회 성도들에게 신학적으로, 때로는 영적 아버지의 심령으로 강조했던 메시지의 결론입니다. "다시는 종의 멍에를 메지 말라"는 이 말은 예수 그리스도를 통해 주어진 참 자유함의 축복을 빼앗기지 말고 온전히 누리라는 메시지입니다. 특히 앞의 성경 말씀에서 말하는 자유는 예수 그리스도의 십자가 대속과 부활을 통해 주어진 영적 자유이며, 죄와 저주, 사망의 모든 권세로부터 완전히 해방되는 근원적 자유입니다. 더 나아가 지금까지 얽매여 있던 모든 율법의 멍에로부터의 자유를 말합니다.

유대인하면 율법이라는 말이 떠오를 정도로 유대인은 율법과 떼려야 뗄 수 없는 존재입니다. 그런데 문제는 율법에 대한 해석과 접근이 하나님의 뜻과는 전혀 달랐던 것입니다. 사실 율법은 하나님께서 주신 것이기 때문에 나쁜 것이 아닙니다. 중요한 것은 인간이 모든 노력을 기울인다 해도 다 지킬 수 없다는 것입니다. 그래서 우리가 율법을 통해 죄인 된 존재임을 깨닫고 그 죄로부터 완전 자유함을 얻는 유일한 통로인 예수 그리스도께 나아가야 한다는 것입니다.

사도 바울은 로마서 3:20에 이 사실을 아주 명쾌하게 요약했습니다.

그러므로 율법의 행위로 그의 앞에 의롭다 하심을 얻을 육체가 없나니 율법으로는 죄를 깨달음이니라 율법은 죄를 깨닫게 하는 기능이 있다는 것입니다. 그리고 이어서 23~24절에는 어떻게 우리가 의롭다 함을 얻고 죄에서 자유할 수 있는지 밝혔습니다. 모든 사람이 죄를 범하였으매 하나님의 영광에 이르지 못하더니 그리스도 예수 안에 있는 속량으로 말미암아 하나님의 은혜로 값 없이 의롭다 하심을 얻은 자 되었느니라 예수 그리스도 안에만 있으면 모든 것이 끝난다는 것입니다.

그런데 안타깝게도 유대인들은 율법의 본질적 목적을 놓친 채 엉뚱하게 자기들 스스로 또 다른 규례들을 만들어 그것이 마치 구원의 조건인 것처럼 호도하고 억지 주장을 한 것입니다. 이들은 율법을 '248개의 하라'는 조문과 '365개의 하지 말라'는 조문, 총 613개의 조문으로 분류했고 이 율법 조문 지키는 것을 생명처럼 여겼습니다. 한마디로 하나님의 뜻과 계획과는 전혀 방향이 맞지 않는 인본주의의 극치였습니다.

앞의 성경 말씀을 보면 아주 독특한 표현이 나옵니다. "그러므로 굳건하게 서서"라는 말은 예수 그리스도를 통해 참 자유가 주어졌음에도 여전히 율법의 멍에를 메고 고통 가운데 있는 사람들이 있었다는 것입니다. 참 자유함이 주는 그 복음의 플랫폼 위에 굳게 서지 못하는 사람들이 많았다는 것입니다. 당시 갈라디아교회 성도들에게 참 자유함을 빼앗아 갔던 중요한 요소가 있었습니다.

보라 나 바울은 너희에게 말하노니 너희가 만일 할례를 받으면 그리스도께서 너희에게 아무 유익이 없으리라 내가 할례를 받는 각 사람에게 다시 증언하노니 그는 율법 전체를 행할 의무를 가진 자라 율법 안에서 의롭다 함을 얻으려 하는 너희는 그리스도에게서 끊어지고 은혜에서 떨어진 자로다 _갈라디아서 5:2~4

유대 율법주의자들이 갈라디아교회 성도들을 유혹한 내용이 나오는데 그것은 바로 할례 문제였습니다. 사실 할례는 하나님께서 아브람과 언약을 맺을 때 그 징표로 행했던 것이므로 할례 자체가 나쁜 것이 결코 아닙니다. 그런데 문제는 율법주의자들이 이 할례 받은 것을 구원의 조건으로 만들어 놓았던 것입니다. 그래서 사도 바울은 갈라디아서 5:6에 갈라디아교회 성도들을 향해 이렇게 선포했습니다. 그리스도 예수 안에서는 할례나 무할례나 효력이 없으되 사랑으로써 역사하는 믿음뿐이니라 할례가 결코 구원의 조건이 될 수 없으며, 오직 믿음만이 중요하다는 것입니다.

사탄은 교묘히 우리의 마음과 생각 속에 파고들어 영적 진리가 아닌 것에 마음을 빼앗기게 만든다는 사실을 볼 수 있어야 합니다. 서론에 눈이 팔리게 만들어서 정작 보아야 할 본론은 보지 못하게 만드는 것입니다. 바울이 안타까워했던 것도 이 부분입니다. 그래서 바울은 갈라디아교회 성도들을 향해 예수 그리스도의 십자가 대속과 부활을 통해 주어진 구원의 길만이 유일한 길이며, 이 길을 통해 하나님의 자녀가 된 사람은 더 이상 율법의 굴레에서 매여 있지 말고 참 자유함을 누리라고 강조했던 것입니다.

그런데 지금 시대에도 그 형태는 다르지만, 여전히 갈라디아교회 성도들처럼 다양한 멍에를 메고 사는 사람들이 너무 많습니다. 사탄은 우리의 마음과 생각 속에 죄의식을 비롯한 각종 상처를 심어주어 영적 자유함을 놓치게 만드는 것입니다. 이런 멍에를 지고 있으면 결과적으로 믿음의 발걸음을 한 걸음도 내디딜 수가 없게 됩니다. 우리는 이러한 사탄이 주는 멍에, 우리를 속박시키고 멸망 길로 인도하는 멍에를 짊어지고 있을 이유가 하나도 없습니다.

이 영원한 자유함의 축복은 예수 그리스도의 값으로 환산할 수 없는 놀라운 희생을 통해 주어졌습니다. 여러분이 이 자유함의 축복을 놓치는 순간 평안을 잃고 기쁨을 잊게 됩니다. 특히 여러분이 분명히 알고 계셔야 할 것이 자유와 자유인은 별개라는 사실입니다. 자유는 이미 예수 그리스도를 통해 주어져 있습니다. 문제는 이것을 참으로 누려야만 비로소 자유인이 될 수 있다는 사실입니다. 여러분은 죄와 저주, 사탄과 멸망 모든 사주팔자와 운명에서 완전히 해방된 참 자유인임을 분명히 붙잡으시길 바랍니다. 비록 실수하고 넘어졌더라도 눌려 있지 마시길 바랍니다. 참 자유인으로 하나님께서 모든 것을 회복시켜 주셨는데 왜 그것을 누리지 못하십니까? 사탄의 속임수에 속지 말아야 합니다. 모든 독자 여러분이 예수 그리스도의 희생을 통해 주어진 참 자유함의 축복을 누리시길 바랍니다.

자유를 위하여 부름 받은 자

형제들아 너희가 자유를 위하여 부르심을 입었으나 그러나 그 자유로 육체의 기회를 삼지 말고 오직 사랑으로 서로 종 노릇 하라 온 율법은 네 이웃 사랑하기를 네 자신 같이 하라 하신 한 말씀에서 이루어졌나니 만일 서로 물고 먹으면 피차 멸망할까 조심하라

_갈라디아서 5:13~15

바울은 예수 그리스도를 통해 참 자유함을 얻은 우리가 어떠한 삶의 모습을 보여야 하는지 실천적인 부분을 언급했습니다. 무엇보다 우리가 자유를 위하여 부르심을 받은 존재라는 사실을 놓치지 말아야 합니다. 영적 자유를 누리고 그 자유함을 다른 사람도 누릴 수 있도록 인도해야 한다는 것입니다. 그 첫 발걸음이 복음으로 하나 된 축복을 누리는 것입니다.

“자유로 육체의 기회를 삼지 말고 오직 사랑으로 서로 종 노릇 하라”는 것은 예수 그리스도를 통해 주어진 참 자유함을 착각해서 육체의 기회로 삼아서 방종을 해도 된다는 말이 아닙니다. 또 나는 자유로우니까 다른 사람과 상관없이 행동해도 된다는 말도 아닙니다. 그래서 종교개혁자 요한 칼빈은 자유를 이렇게 정의했습니다.

“참된 자유는 당연히 해야 할 것을 할 수 있으며 당연히 하지 말아야 할 것을 안 할 수 있는 의지의 해방을 뜻합니다.”

바울은 우리 그리스도인들이 가진 자유는 종노릇하기 위한 자유라는 사실을 말하고 있습니다. “오직 사랑으로 서로 종 노릇 하라” 언제는 종의 멍에를 메지 말라고 하고서 이제는 다시 종노릇하라고 하느냐고 말할 수 있는데 그 의미를 잘 이해해야 합니다. 여기서 종노릇하라는 말은 복음적 하나 됨을 이루라는 말입니다. 모든 만남과 사건 속에서 참 자유를 누리기 위해서는 선입견, 편견, 과거의 상처, 분노, 질투 등 모든 것을 내려놓고 예수 그리스도의 사랑으로 접근해야 한다는 것입니다. 이것이 율법으로부터, 과거의 문제로부터 완전히 해방된 성숙한 자유인의 모습입니다.

그렇다면 어떻게 이 자유함의 축복을 완벽하게 누릴 수 있습니까? 요한복음 8:32에 답이 나와 있습니다. 진리를 알지니 진리가 너희를 자유롭게 하리라 진리를 더 깊이 알아갈수록 자유함을 누린다는 것입니다. 여기서 진리가 무엇입니까? 바로 하나님의 말씀입니다. 더 세밀하게 말하면 성경의 핵심인 예수 그리스도입니다. 예수 그리스도 안에 감추어져 있는 그 놀라운 영적 비밀의 깊이와 높이와 길이와 너비를 알아가면 알아갈수록 참 자유함을 누릴 수 있는 것입니다.

오직 그리스도, 오직 하나님 나라, 오직 성령 충만이 영적 자유함을 누리는 핵심입니다. 우리는 오직 그리스도로 인생 결론을 내야 합니다. 모든 것을 그리스도의 눈으로 바라보고, 해석하고, 적용하는 것입니다. 그러면 각종 멍에에 메일 이유가 하나도 없습니다. 그리고 우리 인생의 방향은 오직 하나님 나라입니다. 전 세계 모든 현장에 하나님 나라가 임하게 하는 것입니다. 하나님의 나라는 예수 그리스도가 선포될 때 임하게 되어 있습니다. 그리고 이런 하나님의 나라를 임하게 하는 것은 결코 우리의 힘과 능력으로 할 수 없습니다. 이미 공중 권세 잡은 흑암 세력과의 영적 싸움에서 승리해야 하기 때문입니다. 그래서 오직 성령 충만을 받아야 합니다. 예수님도 '오직 성령이 너희에게 임하시면'이라는 단서를 달아놓으셨습니다. 그래야 땅 끝까지 증인 된 삶을 살게 될 것이라고 말씀하셨습니다. 모든 민족으로 제자를 삼으라고 말씀하시면서도 한 가지 전제 조건을 강조하셨습니다. 하늘과 땅의 모든 권세를 가지신 예수님께서 세상 끝날까지 우리와 영원토록 함께하실 것이며, 그 방법이 바로 성령입니다. 성령이 내주하시고, 인도하시고, 역사하실 때 우리가 전 세계를 복음화하는 축복을 누리게 되는 것입니다. 그래서 오직 성령 충만을 통해 우리의 한계 수준을 뛰어넘는 삶을 살아야 합니다. 그렇기 때문에 우리는 전 세계 복음화라는 언약적 비전을 붙잡고 기도해야만 합니다. 기도할 때 주의 성령이 역사하시고, 하늘 보좌가 움직이고, 시공간을 초월하여 전 세계에 빛을 비추게 되어 있습니다.

영적 이정표

노벨문학상 수상자이자 구소련의 반체제 작가였던 알렉산더 솔제니친은 "1917년 러시아에 자유가 주어졌는데 그 자유를 사용할 줄 몰랐던 데서 러시아 역사의 비극이 시작되었습니다."라고 말했습니다. 1917년 러시아 혁명을 통해 왕정이 종식되고 자유를 얻게 되었는데 그 자유를 올바로 사용하지 못하고 공산화가 된 것을 언급한 것입니다. 결국 전 세계가 자유 진영과 공산 진영으로 나뉘었고 전 세계에 이 비극이 확산되었습니다. 지금 남북이 나누어져 있는 것도 그 연장선에 있는 것입니다. 이처럼 자유를 잘못 누리면 비극이 시작됩니다.

우리는 예수 그리스도를 통해 주어진 영적 자유함을 놓치지 말고 올바로 누려야 합니다. 특히나 복음이 주는 축복을 잘못 누리면 복음의 영향력을 입힐 수가 없습니다. 그래서 예배가 중요하고, 강단이 중요합니다. 강단은 복음이 주는 축복을 올바로 맛보도록 인도하는 영적 이정표가 되기 때문입니다. 모든 독자 여러분이 교회의 강단에서 선포되는 말씀을 붙잡고 복음이 주는 참 자유함을 누리게 되시기를 예수 그리스도의 이름으로 축복합니다.

07 성령의 사람

16내가 이르노니 너희는 성령을 따라 행하라 그리하면 육체의 욕심을 이루지 아니하리라 17육체의 소욕은 성령을 거스르고 성령은 육체를 거스르나니 이 둘이 서로 대적함으로 너희가 원하는 것을 하지 못하게 하려 함이니라 18너희가 만일 성령의 인도하시는 바가 되면 율법 아래에 있지 아니하리라 19육체의 일은 분명하니 곧 음행과 더러운 것과 호색과 20우상 숭배와 주술과 원수 맺는 것과 분쟁과 시기와 분냄과 당 짓는 것과 분열함과 이단과 21투기와 술 취함과 방탕함과 또 그와 같은 것들이라 전에 너희에게 경계한 것 같이 경계하노니 이런 일을 하는 자들은 하나님의 나라를 유업으로 받지 못할 것이요 22오직 성령의 열매는 사랑과 희락과 화평과 오래 참음과 자비와 양선과 충성과 23온유와 절제니 이같은 것을 금지할 법이 없느니라 24그리스도 예수의 사람들은 육체와 함께 그 정욕과 탐심을 십자가에 못 박았느니라 25만일 우리가 성령으로 살면 또한 성령으로 행할지니 26헛된 영광을 구하여 서로 노엽게 하거나 서로 투기하지 말지니라

_갈라디아서 5:16~26

보혜사 성령

요한복음 14장에 보면 예수님의 제자들이 아주 큰 근심 속에 빠져 있는 모습이 기록되어 있습니다. 예수님께서는 3년간 예수님과 동고동락해왔던 제자들에게 이제 이 땅을 떠날 시간표가 왔다는 사실을 말씀하셨기 때문입니다. 예수님은 근심과 걱정으로 가득 차 있던 제자들을 향해 근심하지 말라고 말씀하시면서 예수님께서 가신 이후의 일에 대해서 언급하셨습니다. 내가 아버지께 구하겠으니 그가 또 다른 보혜사를 너희에게 주사 영원토록 너희와 함께 있게 하리니 (요한복음 14:16) 이는 보혜사 성령에 대한 약속입니다.

'보혜사'라는 말은 헬라어로 '파라클레토스'라고 하는데 우리 곁에서 우리를 돕기 위해 함께하시는 분을 의미합니다. 우리를 보호하시고 은혜를 베푸시고 올바른 삶을 살도록 가르쳐 주시는 분이 바로 성령 하나님이십니다. 우리가 예수 그리스도를 영접하는 순간 성령께서 우리 안에 거하시고 영원토록 우리와 함께 계십니다. 그래서 우리의 삶 속에 어떤 문제와 사건이 와도 걱정하거나 염려할 이유가 없습니다. 문제와 사건이 터지면 내 인생이 꼬였다고 생각하는 것이 아니라 오히려 주의 성령께서 내 삶을 어떻게 인도하실지 기대가 생기는 것입니다. 신앙생활은 이런 기대감이 있어야 합니다.

사도 바울은 갈라디아서 5장 말씀을 통해 영원토록 우리와 함께하시는 성령의 인도를 받는 것이 제대로 된 성경적 신앙생활임을 강조했습니다. "성령을 따라 행하라"는 이 말은 성령의 능력으로, 성령의 인도와 도우심으로 살아가는 성령의 사람이 되어야 한다는 것입니다. 성령은 지혜의 영이십니다. 우리가 성령을 따라 행하면 실패할 일도 없고 염려, 근심, 걱정 속에 매여 살 필요도 없습니다. 성령을 따라 살면 삶 속에 사실적인 열매가 맺히기 때문에 영적 영향력도 자연스럽게 입히게 되는 것입니다. 이처럼 성령의 능력을 힘입는 삶을 사는 것이 그리스도인에게 주어진 영적 특권임을 항상 기억하시기 바랍니다.

성령 충만한 삶

내가 이르노니 너희는 성령을 따라 행하라 그리하면 육체의 욕심을 이루지 아니하리라 육체의 소욕은 성령을 거스르고 성령은 육체를 거스르나니 이 둘이 서로 대적함으로 너희가 원하는 것을 하지 못하게 하려 함이니라 _갈라디아서 5:16~17

사도 바울은 예수 그리스도를 믿음으로써 하나님의 자녀 된 그리스도인은 창세기 3장의 세상 현장에서 두 가지 대립하는 삶의 구조를 가지게 된다는 사실을 밝혔습니다. 하나는 육체의 소욕을 따라 사는 삶이고 다른 하나는 성령을 따라 사는 삶입니다. 육체의 소욕을 따르는 삶이 무엇입니까? 여기서 육체라는 말은 우리 신체를 뜻하는 것이 아닙니다. '육체'라는 말은 헬라어로 '사르크스'라고 하는데 우리 인간의 본성을 뜻합니다. 특히 창세기 3장 사건으로 인해 타락한 인간의 본성으로 죄로 기우는 성향을 의미합니다. 자기중심, 물질 중심, 세상 성공 중심의 인본주의로 흘러가게 되어서 하나님의 뜻과 반대되는 것을 행하려는 인간의 욕구가 바로 육체의 욕심입니다.

그런데 문제는 우리가 예수 그리스도를 통해 하나님의 형상이 회복된 존재, 재창조의 축복을 체험한 존재임에도 불구하고 창세기 3장의 불신 환경 속에서 살아가다 보니까 육체의 소욕을 따라 살려는 성향이 생긴다는 것입니다. 이런 육체의 소욕을 따르는 삶은 성령 인도를 받지 못하게 되고 결국 실패의 구렁텅이로 빠지게 됩니다. 이것은 구원의 문제와는 상관없는 별개의 문제입니다. 예수 그리스도를 믿고 영접한 사람은 결코 구원의 대열에서 탈락하지 않습니다. 중요한 것은 이 땅에서도 하나님께서 주신 축복을 사실적으로 누리며 최고로 복된 삶을 살아야지, 왜 실패하는 삶을 사느냐는 것입니다. 우리는 영적 눈을 열어서 사탄이 각양각색 육체의 일을 가지고 우리를 유혹한다는 사실을 볼 수 있어야 합니다.

육체의 일은 분명하니 곧 음행과 더러운 것과 호색과 우상 숭배와 주술과 원수 맺는 것과 분쟁과 시기와 분냄과 당 짓는 것과 분열함과 이단과 투기와 술 취함과 방탕함과 또 그와 같은 것들이라 전에 너희에게 경계한 것 같이 경계하노니 이런 일을 하는 자들은 하나님의 나라를 유업으로 받지 못할 것이요 _갈라디아서 5:19~21

사도 바울이 언급한 이런 육체의 일 외에도 더 많은 유혹거리가 있습니다. 이런 육체의 일은 자신을 파괴시킬 뿐만 아니라 가정도 파괴시키고 교회도 하나 됨을 이루지 못하게 만듭니다. 이것이 바로 하나님의 뜻과는 정반대로 가게 만드는 사탄의 궤계입니다. 이러한 성령 인도의 걸림돌들을 우리가 어떻게 다 넘어설 수 있습니까? 이것은 우리의 힘으로 할 수 없으며, 우리의 의지로도 할 수 없고, 바로 성령 충만함을 받아야만 해결되는 것입니다. 이는 힘으로 되지 아니하며 능력으로 되지 아니하고 오직 나의 영으로 되느니라 (스가랴 4:6) 라고 성경 말씀에 나와 있습니다.

성령 충만함을 쉽게 표현하면 말씀과 기도, 전도로 충만해지는 것입니다. 강단에서 선포되는 복음 메시지를 계속 들으면서 내 속에 있는 옛 틀을 깨야 합니다. 그리고 오직 그리스도, 오직 하나님 나라, 오직 성령 충만으로 새 틀을 갖추는 것입니다. 하나님께서 우리에게 주신 최고의 단어, 최고의 축복이 그리스도입니다. 이 그리스도를 사실적으로 누리면 능력이 생깁니다. 그러면 육체의 소욕을 따라가지 않게 됩니다. 특히 우리가 가는 곳마다 하나님의 나라가 임하게 해달라고 기도할 때 영적인 힘이 생깁니다.

이런 영적 힘을 체험하는 것을 가리켜 성령 충만이라고 하며, 그 핵심이 다음의 성경 말씀입니다. 오직 성령이 너희에게 임하시면 너희가 권능을 받고 예루살렘과 온 유대와 사마리아와 땅 끝까지 이르러 내 증인이 되리라 (사도행전 1:8) 성령이 가장 충만히 역사할 때는 현장에서 예수 그리스도의 복음을 선포하는 예수 그리스도의 증인 된 삶을 살 때입니다. 사도행전을 보면 이 사실이 반복적으로 나타납니다. 사도행전 4:8에 보면 베드로가 예수 그리스도의 복음을 선포할 때 성령이 충만했다고 밝히고 있습니다. 나이 어린 여종 앞에서 벌벌 떨던 예전의 베드로가 아니었습니다. 성령의 충만을 힘입으니까 서슬퍼런 공회 앞에서도 담대하게 예수 그리스도의 유일성을 선포했습니다. 이 영적 체험을 했던 초대교회는 어떤 핍박도 두려워하지 않았습니다. 어느 날 바울이 이 체험을 하고 나니까 그때부터 세계를 바꾸는 일이 일어난 것입니다. 마찬가지로 우리도 성령 충만하면 우리의 한계를 뛰어넘어 하나님의 일을 이루며 영적 영향력을 입혀나가게 되어 있습니다.

체코 속담에 이런 말이 있습니다. "습관은 철로 만든 셔츠이다. 한번 입으면 벗을 수 없다." 그만큼 습관이 중요하고 한번 각인된 습관을 바꾸는 것이 힘들다는 것입니다. 하지만 이렇게 강철 같은 옛 습관도 바꿀 수 있습니다. 우리 안에 계신 성령의 능력을 힘입으면 됩니다. 성령의 인도 따라 새 틀, 새로운 영적 습관을 갖추어 나가는 것입니다. 여러분, 말씀이 각인 된 삶, 기도의 뿌리를 내린 삶, 전도 체질의 삶을 통해 성령 인도, 성령 충만의 삶을 살아가시기 바랍니다.

성령의 열매 맺는 삶

오직 성령의 열매는 사랑과 희락과 화평과 오래 참음과 자비와 양선과 충성과 온유와 절제니 이같은 것을 금지할 법이 없느니라
_갈라디아서 5:22~23

사도 바울은 육체의 소욕이 아닌 성령을 따라 행하는 사람, 성령 충만함을 얻은 사람에게 나타나는 아홉 가지 성령의 열매를 언급하고 있습니다. 유명한 복음주의 신학자 존 스타트 목사는 성령의 아홉 가지 열매를 세 그룹으로 나누었습니다.

첫째, 하나님과의 관계에서 맺어야 할 열매. 사랑, 희락, 화평.

여기에서 사랑은 우리가 보통 말하는 사랑이 아니라 궁극적으로 하나님을 사랑하는 사랑입니다. 성령의 사람은 하나님을 사랑하게 되어 있습니다. 이런 하나님에 대한 사랑이 있기 때문에 다른 사람을 사랑할 수 있는 것입니다.

그리고 희락은 단순한 기쁨이 아니라 하나님을 즐거워하는 기쁨입

니다. 여호와로 인하여 기뻐하는 것이 너희의 힘이니라 (느헤미야 8:10) 여호와로 인하여 기뻐하는 것에서 힘을 얻을 때 변화와 성장이 일어나고 개혁이 되는 것입니다. 웨스트민스터 신앙고백서 소요리 문답 제1문을 보면 '사람의 제일 되는 목적은 하나님을 영화롭게 하고 영원토록 그를 즐거워하는 것이다.'라고 되어 있습니다. 그렇다면 영원토록 그를 즐거워하는 것, 여호와로 인하여 기뻐하는 것이 무엇입니까? 이어지는 제2문에 그 답이 있습니다. 이를 보면 '신구약 성경에 기록된 하나님의 말씀은 우리가 어떻게 하나님을 즐거워하고 영화롭게 할 것인가를 명하신 유일한 규칙이다.'라고 나옵니다. 하나님을 영원토록 즐거워하고 기뻐하는 삶을 살 수 있는 비밀은 하나님의 말씀 속에 있습니다. 여호와로 인하여 기뻐하는 것은 하나님의 말씀으로 기뻐하며, 말씀에서 솟아나는 기쁨의 힘을 체험하는 것입니다. 하나님의 말씀이 내 삶을 터치하고 그로 인해 내 삶이 변화와 성장을 체험하는 기쁨을 맛보는 것입니다.

이어서 이 화평은 하나님과의 관계에서의 화평을 말합니다. 하나님과 원수 되었던 우리가 예수 그리스도를 믿음으로 하나님으로 더불어 화평을 누리게 된 것입니다. 죄와 사망, 모든 저주와 율법의 규례에서 완전 자유함을 얻게 된 것입니다. 이처럼 화평은 어떤 상황 속에서도 마음의 동요가 일어나지 않는 평안을 의미합니다. 나 자신이 화평한 삶을 살 때 결국 다른 사람들을 평안으로 하나 되게 만드는 역할을 하게 됩니다.

여러분이 세상 사람들이 맛보지 못하는 근원적인 사랑과 기쁨과 평안을 누리게 될 때 영적 영향력을 입힐 수 있는 것입니다.

둘째, 이웃과의 관계에서 맺어야 할 열매. 오래 참음, 자비, 양선.

오래 참음은 말 그대로 예수 그리스도의 심정으로 기다리는 것입니다. 성령께서 우리의 옛 모습이 변화되도록 기도하시면서 기다리시는 그 심정을 여러분이 다른 사람과의 관계에서 회복해야 합니다. 자기감정대로 다 뱉어버리는 것은 육체의 일을 따르는 삶입니다. 병은 오래 참으면 큰 문제가 되지만, 다른 사람에 대해 오래 참으면 생명을 살리는 열매를 맺게 되는 것입니다.

자비라는 말은 아주 오래 묵은 포도주를 준다는 말에서 나온 것입니다. 이 말은 상대방에게 가장 좋은 것을 베풀어 준다는 의미가 있으며, 말로만이 아니라 구체적인 행동을 의미하는 것입니다. 특히 다른 사람의 잘못과 약점을 그대로 갚지 않고 덮어주면서 불쌍히 여기는 마음입니다.

양선은 쉽게 말해 선하다는 말입니다. 하나님의 선하심을 체험한 자로서 우리도 선을 나누는 인생이 되어야 합니다. 악을 악으로 대하지 말고, 선으로 악을 이기는 삶을 살아야 합니다.

오래 참음, 자비, 양선 이 세 가지 모두 영혼 구원을 위해 우리가 맺어야 할 성령의 열매입니다. 이 세 가지 열매를 맺지 못하면 대인관계에서 실패하게 되고, 관계 전도를 통해 영혼을 살려야 하는 이 시대에서 영적 열매를 맺지 못하는 삶을 살게 되는 것입니다.

셋째, 자기 자신과의 관계에서 맺어야 할 열매. 충성, 온유, 절제.

충성은 신실하다는 말로 언제나 변함없이 믿음직한 삶을 충성이라고 합니다. 우리는 무슨 일을 맡겨도 걱정하지 않고 맡길 수 있을 정도로 충성스러운 일꾼이 되어야 합니다.

온유는 자기 힘을 다스려 통제하는 것을 의미합니다. 마치 펄펄 뛰는 야생마를 데려다가 잘 길들여놓은 상태를 가리킵니다. 내가 힘이 있지만, 그 힘을 마음대로 쓰지 않고 잘 다스리는 상태, 감정이 다스려진 상태를 말합니다. 한마디로 한쪽으로 치우치지 않는 객관성을 가진 삶을 말합니다.

그리고 절제는 자신을 다스릴 줄 아는 능력을 가리키는 말입니다.

이 아홉 가지 요소들이 한 인격을 이루었을 때 이런 사람을 일컬어 성령의 사람이라고 합니다. 그렇다면 우리가 어떻게 해야 이러한 열매를 맺을 수 있겠습니까? 우리의 본성대로는 결코 이런 열매를 맺을 수 없습니다. 하지만 우리 안에 계신 성령께서 이것을 가능하게 하신다는 사실을 우리는 보아야 합니다. 그렇기 때문에 이를 가리켜 성령의 열매라고 하는 것입니다.

풍성한 생명 구원의 열매

사도 바울은 갈라디아서 5:16에서 성령을 따라 행하라고 선포하고, 25절에서도 다시금 성령으로 살면 성령으로 행하라고 강조했습니다. 그렇다면 성령을 따라 행하는 삶의 핵심이 무엇입니까? 요한복음 15:26~27에 답이 나와 있습니다. 내가 아버지께로부터 너희에게 보낼 보혜사 곧 아버지께로부터 나오시는 진리의 성령이 오실 때에 그가 나를 증언하실 것이요 너희도 처음부터 나와 함께 있었으므로 증언하느니라 성령의 핵심적 역할은 우리로 하여금 예수 그리스도를 바라보고 예수 그리스도를 증언하도록 하는 것입니다. 우리가 육체의 소욕을 따르지 않고 성령의 아홉 가지 열매를 맺는 삶을 살아야 하는 근본 이유도 우리를 통해 예수 그리스도가 드러남으로 영혼을 살리기 위함입니다.

인도의 시성 타고르는 노벨문학상을 수상한 그의 시집 「기탄잘리」에서 "죽음이 나의 문을 두드릴 때, 나는 당신에게 생명이 가득 찬 그릇을 가져다 놓겠습니다."라고 고백했습니다. 이 땅에서의 사명이 다하는 그 순간 우리가 풍성한 생명 구원의 열매를 주님 앞에 드리는 삶이 된다면 그것보다 더 값진 것은 없을 것입니다. 모든 독자 여러분이 생명 살리는 성령의 사람이 되어 하나님 나라 확장에 쓰임 받게 되시기를 예수 그리스도의 이름으로 축복합니다.

08 진정한 Oneness 공동체

1형제들아 사람이 만일 무슨 범죄한 일이 드러나거든 신령한 너희는 온유한 심령으로 그러한 자를 바로잡고 너 자신을 살펴보아 너도 시험을 받을까 두려워하라 2너희가 짐을 서로 지라 그리하여 그리스도의 법을 성취하라 3만일 누가 아무 것도 되지 못하고 된 줄로 생각하면 스스로 속임이라 4각각 자기의 일을 살피라 그리하면 자랑할 것이 자기에게는 있어도 남에게는 있지 아니하리니 5각각 자기의 짐을 질 것이라 _갈라디아서 6:1~5

함께 이루는 공동체

갈라디아서는 예수 그리스도를 통해 주어진 참 자유함을 완벽하게 누릴 것을 강조하는 말씀입니다. 사도 바울은 갈라디아교회의 성도들을 향해 더 이상 예수 믿기 이전의 삶으로 돌아가서는 안 되고 하나님 자녀에게 주어진 신분과 권세를 마음껏 누리면서 영적 열매를 맺어가야 한다고 말하고 있습니다. 이에 대해 사도 바울은 "다시는 종의 멍에를 메지 말라." "너희는 성령을 따라 행하라."라는 두 문장으로 영적 진리를 요약했습니다. 다시는 종의 멍에를 메지 말고 참 자유함을 누리며 성령을 따라 행하는 삶을 살 때 성령의 아홉 가지 열매를 맺으며 영적 영향력을 입히는 자리로 나아가게 된다는 말씀입니다. 이 부분이 앞의 챕터까지 살펴본 내용입니다.

이어지는 이번 챕터에서는 이런 열매 맺는 삶을 혼자만 사는 것이 아니라 공동체적으로 이루어가야 한다는 사실을 강조했습니다. "너희가 짐을 서로 지라"는 것은 서로 짐을 지는 영적 자세를 가질 때 진정한 Oneness 공동체를 이룰 수 있다는 것입니다. 복음 공동체는 홀로 열매를 맺기 위해 노력하는 것이 아니라 서로의 약한 부분을 도와주며 함께 열매를 맺는 것이라는 사실을 보는 영적 눈이 열려야 합니다.

기독교 박해자였다가 회심하여 전도자의 삶을 살았던 인도의 썬다 싱의 전기에 보면 이런 이야기가 나옵니다.

어떤 사람이 히말라야산을 넘어가다 추위에 쓰러진 사람을 길에서 보고는 잠시 고민하다가 '내 한 몸도 추스르기 힘든데…' 하며 그대로 지나갔습니다. 그런데 그 바로 뒤에서 따르던 썬다 싱이 지체 없이 그를 둘러업고 산을 오르기 시작했습니다. 얼마를 걸었을까? 산을 넘어 내려가다 보니 앞서 쓰러진 사람을 외면하고 떠났던 사람이 길모퉁이에서 추위에 쓰러져 숨져 있었습니다. 그런데 죽어가던 이웃을 업고 있는 자기는 아직도 땀을 뻘뻘 흘리며 살아있는 것을 확인하면서 남을 살리는 것이 바로 자기를 살리는 길이라는 너무나 소중한 진리 하나를 발견했다고 합니다.

신앙생활을 하면서 내 믿음 하나를 지키기도 힘들다고 생각하는 분들이 많습니다. 내 믿음을 지키기도 힘든데 다른 사람까지 어떻게 생각하느냐고 말하기도 합니다. 맞는 말 같지만, 이것은 완전히 사탄의 속임수라는 사실을 알고 그 틀을 깨야 합니다. 여러분이 나 중심의 틀을 깨고 다른 사람을 살리는 자리로 나아가게 되면 그것이 오히려 자기의 믿음을 향상하는 영적 지름길이 되는 것입니다.

짐을 서로 지는 복음 공동체

형제들아 사람이 만일 무슨 범죄한 일이 드러나거든 신령한 너희는 온유한 심령으로 그러한 자를 바로잡고 너 자신을 살펴보아 너도 시험을 받을까 두려워하라 너희가 짐을 서로 지라 그리하여 그리스도의 법을 성취하라 _갈라디아서 6:1~2

사도 바울은 진정한 Oneness 공동체가 되기 위해서는 복음적 관점에서 접근해야 한다는 사실을 밝혔습니다. 특히 어떤 사람의 범죄가 드러났을 때 그것에 대해 어떻게 대처해야 하는지를 말하고 있습니다. 여기서 말하는 '범죄'는 헬라어로 '파라포노마티'라고 합니다. 이는 '아래로 떨어지다'라는 뜻인데 정로에서 탈선하여 어긋난 것을 가리킵니다. 우리가 말하는 일반적인 범죄가 아니라 육신의 연약함으로 인하여 어떤 유혹에 의해 자기도 모르게 저지른 실수나 허물을 말하는 것입니다. 그리스도인은 창세기 3장의 현장 속에서 살아가고 있기 때문에 신앙생활을 하다가 의도했든, 의도하지 않았든 넘어질 때가 있습니다.

그래서 어떤 문제가 발생했을 때 주변에 있는 성도들이 어떻게 하느냐에 그 사람과 공동체의 미래가 달려있다고 해도 과언이 아닙니다. 창세기 3장의 옛 습관 옛 체질의 특징은 다른 사람의 잘못에 대해 정죄하는 성향을 가지고 있습니다. 우리가 순간 방심하여 바리새인들과 같이 율법의 눈을 가지고 감정, 혈기에 따라 비판하고 정죄해버리고 나면 그 사람과의 관계는 돌이킬 수 없는 치명적인 상태로 바뀔 수 있습니다. 결국 Oneness가 깨지게 되고, 상처받은 사람은 더 큰 좌절과 영적 침체 속으로 빠지게 되는 것입니다. 이것은 사탄 마귀가 제일 좋아하는 일입니다. 사탄의 뜻이 무엇입니까? 참소자입니다. 잘못된 부분을 구구절절이 드러내면서 정죄하는 것이 그 본업입니다. 마귀는 또 무슨 뜻입니까? 이간자, 분리자입니다. 사람과 사람 사이를 이간해서 분리시키는 것이 본질입니다. 그렇기 때문에 어떤 상황 속에서도 Oneness를 깨는 것으로 생각되면 일단 멈추고 속지 마시길 바랍니다.

바울은 어떤 사람이 큰 잘못을 저질렀을 때 온유한 심령으로 그 사람을 바로잡고 자기 자신도 그러한 부분에 넘어지지 않도록 영적 경계로 삼으라고 했습니다. 온유한 심령은 무엇입니까? 온유는 앞의 챕터를 통해 살펴본 것처럼 성령의 열매 중 하나입니다. 온유한 심령은 내 감정의 지배가 아니라 성령의 지배를 받는 마음입니다. 자기 기분이나 감정대로 대하는 것이 아니라 복음의 눈으로 이해하고 한 영혼을 천하보다 귀하게 여기시는 주님의 심정으로 대하는 것입니다. 이것이 신령한 사람 곧 성령의 인도를 제대로 받는 사람입니다. 이렇게 온유한 심령을 가지고 상대방을 대할 때 그 사람은 변화와 갱신의 기회를 부여받게 되는 것입니다.

그러면서 바울은 갈라디아서 6:2에 짐을 서로 지라 그리하여 그리스도의 법을 성취하라고 말하고 있습니다. 여기서 말하는 '짐'은 헬라어로 '바로스' 라고 하는데 '혼자서 감당하기에는 너무나 과중한 시련이나 고통, 어려움'을 의미합니다. 나한테는 아무런 문제가 되지 않는데 어떤 사람은 유독 힘들어하고 쉽게 넘어지는 부분이 있기 마련입니다. 이것을 어떻게 보느냐가 중요합니다. 특히 '아 다르고, 어 다르다'고 말 한마디를 해도 복음적으로 해야 합니다. 연약해서 자꾸 넘어지는 사람에게 "아직 못 깨달아서 그렇다, 영적 문제다."라는 말을 하면 깨닫게 되기는커녕 오히려 큰 망치로 머리를 내리치는 것과 같은 상처를 받게 될 뿐입니다. 그러면 그 사람의 영적 의욕을 다 빼버리는 것과 같습니다.

바울은 이런 사람들을 어떻게 대하라고 합니까? 그들의 짐을 나누어지라고 했습니다. 그들의 아픔을 함께 공유하고 그들에게 힘을 주라는 것입니다. 로마서 14:1을 보면, 믿음이 연약한 자를 너희가 받되 그의 의견을 비판하지 말라고 말씀하셨습니다. 로마서 15:1에도 믿음이 강한 우리는 마땅히 믿음이 약한 자의 약점을 담당하고 자기를 기쁘게 하지 아니할 것이라고 말씀하고 있습니다. 그러면서 로마서 15:7에 그러므로 그리스도께서 우리를 받아 하나님께 영광을 돌리심과 같이 너희도 서로 받으라고 결론을 냈습니다. 복음 공동체는 믿음이 좋다고 일방 독주하는 것이 아닙니다. 서로 도와 함께 가는 것이 복음 공동체의 진정한 모습입니다. 이렇게 할 때 조금 늦는 것 같아도 종국에는 더 큰 열매를 맺게 되어 있습니다. 바울은 이런 삶을 사는 것이 그리스도의 법을 성취하는 삶이라고 했습니다.

그리스도의 법은 한마디로 사랑입니다. 요한복음 13:34~35에 예수님께서 이렇게 말씀하셨습니다. 새 계명을 너희에게 주노니 서로 사랑하라 내가 너희를 사랑한 것 같이 너희도 서로 사랑하라 너희가 서로 사랑하면 이로써 모든 사람이 너희가 내 제자인 줄 알리라 로마서 13:10을 보면 사랑은 율법의 완성이라고 밝히고 있습니다. 율법의 요구를 다 이루신 예수님께서 우리에게 한 법을 주셨는데 바로 사랑입니다. 다시 말해 그리스도의 법은 예수 그리스도의 사랑으로 함께 사는 법입니다. 이는 결국 예수 생명으로 자신도 살고 상대방도 살리는 법을 일컫는 말입니다.

사랑에 대해 "함께 기뻐하고, 주면서 기뻐하는 것이 사랑이다."라고 누군가 정의를 내린 것이 있습니다. 사랑이 어떻게 진정한 사랑이 되는지 아주 사실적으로 표현한 내용으로, 복음적 사랑의 개념이라고 할 수 있습니다. 여러분은 이런 예수 그리스도의 사랑으로 충만하시기 바랍니다. 로마서 16장의 인물들이 이런 삶을 살았습니다. 사도 바울은 그들의 이름을 언급하면서 그들에게 별명을 하나씩 붙여 주었습니다. 겐그레아 교회의 일꾼 뵈뵈는 여러 사람들과 사도 바울의 '보호자'였고, 브리스가 부부는 전도자 바울을 위해 자신들의 목숨까지도 내놓았을 정도로 생명 건 '동역자'였으며, 가이오는 바울과 온 교회를 돌보는 '식주인'이었습니다.

보호자, 동역자, 식주인이라는 이 대표적인 세 단어는 함께 기뻐하고 모든 것을 주면서 또 기뻐하는 예수 그리스도의 사랑을 표현하고 있습니다. 로마서 16장의 인물들은 기쁨으로 무거운 짐을 서로 지고 서로를 돕는 진정한 Oneness의 축복을 누린 것입니다. 그 결과 로마 복음화의 응답 속으로 들어간 것입니다.

자기 짐을 지는 언약 공동체

만일 누가 아무 것도 되지 못하고 된 줄로 생각하면 스스로 속임이라 각각 자기의 일을 살피라 그리하면 자랑할 것이 자기에게는 있어도 남에게는 있지 아니하리니 각각 자기의 짐을 질 것이라

_갈라디아서 6:3~5

바울이 당시 갈라디아 교회 성도들에게 복음이 아닌 율법적 사고방식을 주입시키려 했던 율법주의자들을 향해 아무것도 되지 못하고 된 줄로 착각하고 사는 사람이라고 말을 하고 있습니다. 한마디로 스스로 속이는 자들이라고 한 것입니다. 바울은 이들을 향해 다른 사람을 비판하기에 앞서 자신을 먼저 살피라고 권면했습니다. 무너진 사람을 보고 나는 서 있다고 자랑하면 그것만큼 어리석은 일도 없다

는 것입니다.

사도 바울은 갈라디아서 6:4에서 각각 자기의 일을 살피라 그리하면 자랑할 것이 자기에게는 있어도 남에게는 있지 아니하리니라고 말씀하고 있습니다. 이는 어떤 뜻을 가진 말씀일까요? 쉽게 표현하면 설령 자기에게 자랑할 내용이 있더라도 그것을 자기만 가지고 있지 다른 사람과 비교해서 자랑하지 말라는 것입니다. 당시 스스로 속이는 자들이 다른 사람의 잘못을 정죄하면서 자기 자랑에 빠진 것을 사도 바울이 언급한 것입니다. 신앙생활을 하면서 이처럼 영적 교만에 빠지는 것만큼 큰 적도 없다는 사실을 보아야 합니다.

영적 교만이라는 것은 바울의 말처럼 스스로 속고 있는 상황 속에 빠진 것입니다. 자기는 잘되고 있다고 생각하는데 실상은 망하고 있다는 것입니다. 하나님의 말씀이 기준이 아니라 창세기 3장의 자기 자신이 기준이 되어 있기 때문입니다. 창세기 3장의 자기중심적 삶은 결국 창세기 11장의 바벨탑이 되는 결과를 초래하게 됩니다.

바울은 이런 삶에서 벗어나야 한다고 말하면서 갈라디아서 6:4에 각각 자기의 일을 살피라 갈라디아서 6:5에서는 각각 자기의 짐을 질 것이라고 말하고 있습니다. 여기서 말하는 '짐'이라는 말은 1절에 언급한 짐과는 다른 의미의 용어입니다. 여기에 사용된 헬라어는 '포르티온'인데 앞서 말한 '바로스' 보다는 훨씬 가벼운 짐을 의미합니다. 일반적으로 군인들이 행군할 때 지는 짐을 가리키는 말로 충분히 혼자서도 질 수 있는 짐입니다. 이 짐은 영적으로 볼 때 하나님께서 성도 각자에게 맡기신 직분을 가리킵니다. 자기의 일을 살피고 자기의 짐을 지라는 것은 하나님께서 나에게 맡기신 역할과 주신 은사에 합당하게 반응하고 있는지를 살펴보고 바라보라는 것입니다. 쉽게 말해 남과 비교하는 것에 정신 빼앗기지 말고 자기에게 주어진 직분에 충실하라는 것입니다.

우리에게는 하나님께서 주신 각자의 직분이 있습니다. 하나님께서 직분을 주시는 것에는 그 직분을 통해 영적 성장을 이루게 하시고 축복을 주시기 위한 언약적 의미가 담겨 있습니다. 응답받을 영적 풋대를 주신 것입니다. 하나님께서 주신 그 직분은 언약적으로 주신 축복이라는 사실을 분명히 깨달아야 합니다.

하나님 사업의 플랫폼

유명한 정신의학자인 폴 투르니에가 비판에 대해서 이런 말을 했습니다.

"우리가 가진 비판의 근거는 훌륭하지만, 사탄은 우리를 자신의 진영에 끌어들이기 위해서 그 비판을 이용한다."

아주 의미 있는 말입니다. 각자가 다 자기 나름대로 근거를 가지고 비판하지만, 결국은 사탄의 속임수에 속는 것에 불과하다는 것입니다.

로마서 14:20에서 사도 바울은 서로 비판하고 Oneness를 이루지 못하게 만드는 모든 일은 하나님의 사업을 무너지게 하는 것이라고 강조했습니다. 하나님의 사업은 바로 생명 살리는 것입니다. 우리는 여기에 걸림돌이 되어서는 안 됩니다. 우리는 생명 살리는 하나님 사업의 플랫폼이 되어야 합니다. 모든 독자 여러분이 각자의 현장에서 진정한 Oneness 공동체를 이루어 나가게 되시기를 예수 그리스도의 이름으로 축복합니다.

09 성령을 위하여 심는 자

7스스로 속이지 말라 하나님은 업신여김을 받지 아니하시나니 사람이 무엇으로 심든지 그대로 거두리라 8자기의 육체를 위하여 심는 자는 육체로부터 썩어질 것을 거두고 성령을 위하여 심는 자는 성령으로부터 영생을 거두리라 9우리가 선을 행하되 낙심하지 말지니 포기하지 아니하면 때가 이르매 거두리라 -갈라디아서 6:7~9

그리스도를 증언하는 삶

사람들은 미래를 대비해서 여러 가지 대책을 마련하면서 살아갑니다. 건강의 위험을 대비하기 위해 건강과 관련된 보험을 들고 노후 대책을 위해 연금을 듭니다. 직장인들은 승진하기 위해 시간을 들여 자기 계발을 합니다. 사업가들은 어디에 투자해야 사업이 확장되고, 큰 이익을 낼 수 있는지에 모든 신경을 곤두세우고 살아갑니다. 이렇듯 세상 사람들은 앞으로의 삶에 대해 준비하는 것에 관심을 집중하고 있습니다.

그런데 문제는 정말 중요한, 영원한 것을 위한 투자를 놓치는 사람들이 많다는 사실입니다. 우리는 잠시 있다가 사라질 이 땅의 것에 집중하는 서론 인생이 아니라 정말 영원한 상급을 위해 투자하는 본론 인생을 살아야 합니다. 그것이 바로 하나님을 기쁘시게 하는 것입니다. 마태복음 6:20을 보면 예수님께서 이렇게 강조하셨습니다. 오직 너희를 위하여 보물을 하늘에 쌓아두라 거기는 좀이나 동록이 해하지 못하며 도둑이 구멍을 뚫지도 못하고 도둑질도 못하느니라 보물을 하늘에 쌓아두라는 것은 내가 가장 보물로 여기는 모든 것을 가지고 생명 살리는 하나님의 뜻과 계획을 이루는 삶을 살아야 한다는 것입니다. 이것이 결과적으로는 우리를 위한 삶이 됩니다.

갈라디아서 6:7~9에서 사도 바울은 우리가 성령을 위하여 심는 자가 되어야 한다는 사실을 강조했습니다. 성령을 위하여 심는다는 표현이 선뜻 다가오지 않지만, 쉽게 설명하면 성령을 기쁘시게 하는 것, 만족하게 하는 것에 집중하라는 것입니다. 우리가 어떤 삶을 살아야 성령을 기쁘시게 할 수 있을까요? 바로 그리스도를 증언하는 삶을 사는 것입니다. 요한복음 15:26에 이 사실이 나와 있습니다. 내가 아버지께로부터 너희에게 보낼 보혜사 곧 아버지께로부터 나오시는 진리의 성령이 오실 때에 그가 나를 증언하실 것이요 예수님이 그리스도이심을 증언하는 일을 성령이 하신다는 말씀입니다. 그리고 사도행전 1:8에도 이 사실이 강조되고 있습니다. 오직 성령이 너희에게 임하시면 너희가 권능을 받고 예루살렘과 온 유대와 사마리아와 땅 끝까지 이르러 내 증인이 되리라 성령이 우리에게 권능을 주시고 다양한 은사를 주시는데 그 핵심 이유가 예수 그리스도를 증언하기 위함인 것입니다.

사도행전 5:32에도 베드로가 예수 그리스도의 십자가 대속과 부활을 증거하면서 우리는 이 일에 증인이요 하나님이 자기에게 순종하는 사람들에게 주신 성령도 그러하니라라고 선포했습니다. 그리스도를 증언하는 것이 성령이 일하시는 방향이고 이런 성령의 방향과 우리가 한 방향이 될 때 성령을 기쁘시게 하는 삶을 사는 것입니다.

영원을 위한 투자

스스로 속이지 말라 하나님은 업신여김을 받지 아니하시나니 사람이 무엇으로 심든지 그대로 거두리라 _갈라디아서 6:7

우리가 세상을 살아가는 동안에 설명이 필요 없는 분명한 원리들이 있는데 그중 하나가 심는 것과 거두는 것입니다. 열매를 거두기 위해서는 우리가 무언가를 심어야 합니다. 아무것도 심지 않고 어떤 결실을 기대한다는 것은 어불성설입니다. 영적으로도 마찬가지로 심은 대로 거두게 되어 있습니다. 사도 바울은 특히 우리가 아무것도 심지 아니하고 뭔가를 기대하는 것은 하나님을 업신여기는 것이라고 밝혔습니다. 물론 하나님은 업신여김을 받지 않으시는 분입니다. 그러니 그러한 행동을 하는 것은 스스로를 속이는 것과 같을 뿐입니다.

이를 아주 사실적으로 보여주는 비유를 예수님께서 말씀하셨는데 마태복음 25장에 나오는 달란트 비유입니다. 어떤 주인이 타국에 갈 때 종들을 불러 자기 소유를 맡겼는데 각자의 재능대로 한 사람에게는 금 다섯 달란트, 또 한 사람에게는 두 달란트, 또 한 사람에게는 한 달란트를 주고 떠났습니다. 오랜 시간이 흐른 후 주인이 돌아와 결산할 때 다섯 달란트와 두 달란트 받은 사람은 가진 것을 밑천으로 장사를 해서 다섯 달란트와 두 달란트를 남겼습니다. 그런데 한 달란트 받은 사람은 그것을 땅에 묻어 놓았다가 그대로 한 달란트를 가지고 와서는 온갖 변명을 하면서 주인에게 책임을 전가했습니다. 한 달란트 받았던 자는 와서 이르되 주인이여 당신은 굳은 사람이라 심지 않은 데서 거두고 헤치지 않은 데서 모으는 줄을 내가 알았으므로 두려워하여 나가서 당신의 달란트를 땅에 감추어 두었었나이다 보소서 당신의 것을 가지셨나이다 (마태복음 25:24~25) 이 종은 주인을 마치 질이 나쁜 구두쇠나, 불로소득을 얻는 파렴치한 인물로 그리고 있습니다. '헤치지 않는 데서 모은다'는 것은 추수한 곡식을 말려 키질을 하여 알곡을 모아야 하는데 그런 노력을 하지 않고 모으려 한다는 뜻입니다. 이것이 바로 '업신여기는 행동'입니다. 자기가 아무것도 심지

앉아놓고 괜히 주인 핑계만 대고 있는 것입니다.

결국 주인은 이 한 달란트 받은 종에게 악하고 게으른 종이라고 책망을 하면서 가진 한 달란트마저 빼앗고 바깥 어두운 데로 쫓아내 버렸습니다. 마찬가지로 하나님께서도 이런 행동에 결코 업신여김을 받지 않으시고, 속지 않으십니다. 그렇기 때문에 우리는 심지도 않고 막연하게 어떻게 되겠지 하면서 자신을 스스로 속이는 삶을 살아서는 안 됩니다. 우리의 삶은 반드시 하나님 앞에서 평가를 받게 되어 있습니다. 예수 그리스도를 믿고 구원을 받았기 때문에 우리는 영벌에 대한 심판에서는 완전한 자유함을 얻었지만, 우리에게는 상급 심판이 남아 있음을 놓치지 말아야 합니다. 우리가 하나님 앞에서 올바로 심을 때 하나님께서 상급과 칭찬을 주실 것입니다.

그런데 여기서 분명히 알아야 할 것이 있습니다.

자기의 육체를 위하여 심는 자는 육체로부터 썩어질 것을 거두고 성령을 위하여 심는 자는 성령으로부터 영생을 거두리라

_갈라디아서 6:8

심기만 한다고 끝나는 게 아니라 무엇을 심느냐가 중요하다는 말입니다. 엉뚱한 것을 심어놓고 다른 것을 구하면 안 됩니다. 콩을 심었는데 팥이 나오기를 기대하면 안 된다는 것입니다. 바울은 앞의 성경 말씀에서 썩어질 서론적인 것에 투자해서는 안 되고, 영원을 위한 투자를 해야 한다고 강조했습니다. 우리가 기복주의 신앙에 빠져 그저 육신적인 복을 구하며 기도해서는 안 됩니다. 하나님과 방향을 맞추고 하나님의 뜻과 계획이 어디에 있는지를 보고 제대로 된 투자를 해야 하는 것입니다. 이는 육체를 위하여 심는 것이지 결코 성령을 위해 심는 것이 아닙니다.

우리는 제대로 된 투자, 영원을 위한 투자를 해야 합니다. 그것이 무엇입니까? 바로 영혼 살리는 일에 모든 투자를 집중시키는 것입니다. 하나님의 시간표는 전 세계 복음화를 향해 흘러가고 있다는 사실을 놓치지 말아야 합니다. 마태복음 24:14을 보면 예수님께서 이 천국 복음이 모든 민족에게 증언되기 위하여 온 세상에 전파되리니 그제야 끝이 오리라라고 이 사실을 강조하셨습니다. 전 세계, 복음이 전혀 들어가지 않은 모든 민족과 종족을 향해 복음이 증거된 후에야 끝이 오게 되어 있기 때문에 이것을 위해 모든 관심과 방향을 맞추어야 합니다.

낙심은 절대 금물

우리가 선을 행하되 낙심하지 말지니 포기하지 아니하면 때가 이르매 거두리라 _갈라디아서 6:9

사도 바울은 성령을 위하여 심는 삶을 살 때 절대 갖지 말아야 할 영적 자세를 밝혔습니다. 바로 낙심은 절대 금물이라는 것입니다. 성령을 위하여 심고 나서는 낙심하거나 후회하거나 절대 포기해서는 안 된다는 말입니다. 이는 끝까지 하나님의 시간표를 기다리라는 것을 말합니다. 바울은 "때가 이르매 거두리라"라고 말하고 있습니다. 하나님의 시간표가 이르면 반드시 열매를 맺게 되어 있습니다.

"선을 행하되 낙심하지 말라"는 말에는 우리가 선을 행하는 동안 악의 세력에게 굴복하지 말아야 한다는 뜻이 담겨 있습니다. 우리가 씨를 뿌리고 나서 그것이 열매 맺는 시간표를 기다리지 못하고 왜 열매가 빨리 맺히지 않느냐며 중간에 원망하거나 불평하면서 조급해하는 것은 사탄에게 완전히 속는 것입니다. 사탄은 계속해서 여러분의 생각에 가라지를 뿌립니다. 부정적인 생각을 심어주고 의심과 조급증을 심어주어서 참된 누림의 삶을 살지 못하게 합니다. 여기에 속지 마시기를 바랍니다.

우리나라에 주식 투자하는 사람들이 많은데, 큰 법인이나 기업이 아닌 소액의 개인 투자자들을 개미 투자가라고 합니다. 그런데 주식 시장이 급변하는 가운데 손해를 보는 사람들은 어김없이 개미 투자가들이라는 기사가 많이 나옵니다. 이런 현상의 원인은 그들이 너무 조급하기 때문이라고 합니다. 조금만 올라가면 우르르 몰려가서 사고 조금만 내려가면 그걸 참지 못하고 파는데, 이것을 몇 번 반복하다 보면 가진 것을 다 날린다는 것입니다. 주식 투자가들이 갖추어야 할 기본 철학이 바로 서두르지 말고 조급하면 안 된다는 것입니다.

영적으로도 마찬가지입니다. 단기간에 뭔가 나오지 않으면 조급해하는 습성을 버려야 합니다. 영적 조급증에서 빠져나와야 합니다. 빌립보서 1:6에 보면 사도 바울이 이렇게 강조했습니다. 너희 안에서 착한 일을 시작하신 이가 그리스도 예수의 날까지 이루실 줄을 우리는 확신하노라 우리는 결코 낙심할 필요가 없습니다. 모든 것을 합력하여 반드시 선을 이루시는 하나님을 온전히 믿고 반드시 오게 될 응답의 시간표를 기다리시기 바랍니다.

1m 철학

성공학의 거장으로 불리는 나폴레온 힐이 쓴 「놓치고 싶지 않은 나의 꿈, 나의 인생」이라는 책을 보면 이런 내용이 나옵니다.

1849년 미국 캘리포니아 광산에서 금이 쏟아져 나온 이후 금광을 찾아 너도나도 미국 서부로 몰려들던 때의 일입니다. 더비라는 청년도 일확천금의 꿈을 안고 금광을 사서 열심히 채굴했지만, 기대했던 만큼의 금이 나오지 않았습니다. 그러자 그는 실망해서 금광과 함께 장비를 처분했습니다. 그런데 인수한 사람이 더비가 파고 들어갔던 곳에서 겨우 1m를 더 파 내려갔는데 엄청난 금광맥이 발견되었다고 합니다. 나중에 이 소식을 전해들은 그는 크게 후회했지만, 여기서 황금보다 더 귀한 교훈을 얻었습니다. 그는 그때의 경험을 바탕으로 '1m 철학'을 세웠는데 이것이 훗날 그가 생명보험회사의 세일즈맨으로 성공하는 데 큰 도움이 되었다고 합니다. 1m 철학이란 목표한 고객이 "No."라고 말해도 결코 단념하지 않고 고객의 거절 바로 1m 뒤에 자신이 놓쳤던 금광맥이 기다리고 있다고 생각하는 것이었습니다. 그는 자신이 세운 이 1m 철학을 바탕으로 연평균 100만 달러가 넘는 실적을 올리는 전설의 세일즈맨이 될 수 있었다고 합니다.

더비의 1m 철학은 우리의 영적 삶에서도 아주 중요합니다. 사도 바울은 우리가 성령을 위하여 심는 삶을 살 때 결코 낙심하거나 좌절해서는 안 된다고 강조했습니다. 사탄은 우리가 응답 1m 전에서 낙심하고 좌절하도록 온갖 공격을 다할 것입니다. 그래서 일심, 전심, 지속의 영적 자세를 갖는 것이 정말 중요합니다. 우리가 선을 행하되 낙심하지 말지니 포기하지 아니하면 때가 이르매 거두리라 (갈라디아서 6:9) 모든 독자 여러분이 이 말씀을 붙잡고 반드시 응답하시는 하나님을 절대적으로 신뢰하고 나아감으로써, 절대 응답을 체험하게 되시기를 예수 그리스도의 이름으로 축복합니다.

10 예수의 흔적이 있는 삶

11내 손으로 너희에게 이렇게 큰 글자로 쓴 것을 보라 12무릇 육체의 모양을 내려 하는 자들이 억지로 너희에게 할례를 받게 함은 그들이 그리스도의 십자가로 말미암아 박해를 면하려 함뿐이라 13할례를 받은 그들이라도 스스로 율법은 지키지 아니하고 너희에게 할례를 받게 하려 하는 것은 그들이 너희의 육체로 자랑하려 함이라 14그러나 내게는 우리 주 예수 그리스도의 십자가 외에 결코 자랑할 것이 없으니 그리스도로 말미암아 세상이 나를 대하여 십자가에 못 박히고 내가 또한 세상을 대하여 그러하니라 15할례나 무할례가 아무 것도 아니로되 오직 새로 지으심을 받는 것만이 중요하니라 16무릇 이 규례를 행하는 자에게와 하나님의 이스라엘에게 평강과 긍휼이 있을지어다
17이 후로는 누구든지 나를 괴롭게 하지 말라 내가 내 몸에 예수의 흔적을 지니고 있노라 18형제들아 우리 주 예수 그리스도의 은혜가 너희 심령에 있을지어다 아멘

_갈라디아서 6:11~18

복음의 유일을 위한 삶

갈라디아서의 중요한 핵심 내용은 세 가지로 구분해 볼 수 있습니다.

첫째는 예수 그리스도의 십자가 대속과 부활의 복음 외에 다른 복음은 없다는 것입니다. 다른 복음은 없나니 다만 어떤 사람들이 너희를 교란하여 그리스도의 복음을 변하게 하려 함이라 그러나 우리나 혹은 하늘로부터 온 천사라도 우리가 너희에게 전한 복음 외에 다른 복음을 전하면 저주를 받을지어다 (갈라디아서 1:7~8) 이는 한마디로 그리스도의 복음이 가지는 유일성, 절대성, 영원성을 분명히 붙잡아야 한다는 것을 말합니다. 그리고 이를 플랫폼으로 오직, 유일성, 재창조의 제자로 서야 하는 것입니다.

둘째는 교회에 스며든 변질된 복음에 맞서서 영적 싸움을 싸워야 한다는 것입니다. 오직 예수 그리스도를 믿음으로써 사람이 의롭게 되는 것이지 그 어떤 율법적 행위로 구원받는 것이 아님을 놓치지 말아야 합니다. 특히 율법과 종교의 멍에를 다시는 메지 말라고 사도 바울은 강조했습니다. 그리스도께서 우리를 자유롭게 하려고 자유를 주셨으니 그러므로 굳건하게 서서 다시는 종의 멍에를 메지 말라 (갈라디아서 5:1) 다시는 종의 멍에를 메지 말고 복음이 주는 영적 참 자유함을 사실적으로 누리시기를 바랍니다.

마지막 셋째는 성령을 따라 행하는 삶을 살 때 영적 싸움에서 승리할 수 있다는 것입니다. 창세기 3, 6, 11장의 서론에 속지 말고 오직 그리스도, 오직 하나님 나라, 오직 성령 충만의 권능을 힘입어 본론 인생을 살라는 것입니다. 자기의 육체를 위하여 심는 자는 육체로부터 썩어질 것을 거두고 성령을 위하여 심는 자는 성령으로부터 영생을 거두리라 (갈라디아서 6:8) 생명 살리는 영적 본질을 위한 삶을 사는 것, 전 세계 복음화를 위한 삶을 사는 것이 우리 인생의 절대 가치이자 최고 기쁨이 되어야 합니다.

이번 챕터에서는 사도 바울이 서신을 마무리하면서 갈라디아교회 성도들에게 자신이 가진 한 가지 흔적에 대해 간증하는 내용이 나옵니다. 그것은 다름 아닌 예수의 흔적이었습니다. 자신이 사도로서 지금까지 사역해오면서 예수 그리스도로 인해 받은 수많은 핍박과 환난을 통해 자신의 몸에 새겨진 흔적이 자신의 삶을 대변해 준다는 것입니다. 그러면서 갈라디아교회 성도들 또한 이러한 예수의 흔적이 있는 삶을 살아야 함을 마지막으로 강조했습니다.

우리도 예수의 흔적이 있는 삶을 살아야 합니다. 쉽게 설명하면 복음의 유익을 위한 삶의 모든 발자취를 말합니다. 여러분이 복음을 전하는 것, 교회에서 주어진 직분을 충성스럽게 감당하는 것, 하나님 나라 확장을 위해 시간과 물질을 드려 헌신하는 모든 것이 예수의 흔적이 되는 것입니다. 이렇게 예수의 흔적이 있는 삶은 결과적으로 영원한 상급으로 이어지게 되어 있습니다. 여러분이 복음을 위하여 한 모든 사역은 결코 헛된 것이 없으며 하나님 앞에서 최고 가치가 되는 것입니다.

유일한 자랑

내 손으로 너희에게 이렇게 큰 글자로 쓴 것을 보라 _갈라디아서 6:11

사도 바울은 눈이 안 좋았기 때문에 대부분 편지를 대필하도록 했습니다. 갈라디아서는 누가 받아썼는지 알 수 없지만 다른 서신서는 주로 두기고가 옆에서 대필했습니다. 바울은 편지를 쓸 때 구술하여 받아 적게 한 후에 마지막 부분은 자신이 자필로 크게 기록함으로써 그 편지가 자신의 편지라는 사인을 대신했습니다. 여기에는 자신의 메시지임을 나타내는 것 외에 더 깊은 의미가 있습니다. 자신이 전하고자 하는 핵심 메시지인 마지막 부분만큼은 직접 씀으로써 그 중요성을 더욱더 강조하고자 했던 것입니다. 바울이 뜨거운 가슴으로 유언하는 심정으로 쓴 이 말씀을 우리는 삶 속에 적용해서 사실적으로 응답을 받는 자리로 나아가야 합니다.

무릇 육체의 모양을 내려 하는 자들이 억지로 너희에게 할례를 받게 함은 그들이 그리스도의 십자가로 말미암아 박해를 면하려 함뿐이라 할례를 받은 그들이라도 스스로 율법은 지키지 아니하고 너희에게 할례를 받게 하려 하는 것은 그들이 너희의 육체로 자랑하려 함이라 _갈라디아서 6:12~13

바울이 말하고자 하는 핵심이 무엇입니까? 한마디로 복음과 종교는 다르다는 것입니다. 종교는 인간의 노력과 수고를 강조하는 인간 중심인 반면에 복음은 하나님의 전적인 은혜와 섭리를 강조하는 하나님 중심입니다.

당시 갈라디아교회에는 율법주의자들에 의해 복음을 종교화시키려는 시도들이 있었습니다. 바울은 이런 율법주의자들을 육체의 모양을 내려 하는 자들, 육체로 자랑하려 하는 자들이라고 표현했습니다. 이 사람들의 목적은 다른 사람의 영혼을 구원하는 데 있는 것이 아니라 오직 자기 과시를 위한 외식에 있었습니다. 그들은 내가 이렇게 많은 사람을 할례 받게 했다는 것을 자랑하려고 자기도 할례 받고 다른 사람도 할례 받도록 강요했던 것입니다. 경건의 모양만 있지 경건의 능력은 없는 자들이었습니다. 지금은 아무 문제도 되지 않는 할례 문제가 당시에는 제일 심각한 문제가 되어 있었습니다. 그 당시 기독교인들끼리 만나면 가장 중요한 인사가 "할례 받으셨습니까?"였다고 하니 이 문제가 얼마나 심각했었는지를 알 수 있습니다. 육체로 자랑할 것에 빠지면 결국 하나님은 안 보이고 사람만 보이게 됩니다. 바울은 이런 율법주의자들을 향해 육체로 자랑하려 하는 자들이라고 정의 내리고 이들의 주장은 받아들일 일고의 가치도 없음을 밝혔습니다.

그러나 내게는 우리 주 예수 그리스도의 십자가 외에 결코 자랑할 것이 없으니 그리스도로 말미암아 세상이 나를 대하여 십자가에 못 박히고 내가 또한 세상을 대하여 그러하니라 할례나 무할례가 아무 것도 아니로되 오직 새로 지으심을 받는 것만이 중요하니라 무릇 이 규례를 행하는 자에게와 하나님의 이스라엘에게 평강과 긍휼이 있을지어다 _갈라디아서 6:14~16

율법주의자들이 형식적인 종교 생활과 자기 자랑에 빠져있었던 것과는 반대로 사도 바울의 유일한 자랑은 오직 예수 그리스도의 십자가, 곧 구원을 주는 참 복음밖에 없었습니다. 바울은 할례를 받고 안 받고가 중요한 것이 아니라 오직 예수 그리스도를 믿음으로써만 하나님 자녀가 될 수 있음을 강조했습니다. 오직 새로 지으심을 받는 것만이 중요한 것입니다. 새로 지으심을 받는다는 것은 예수 그리스도를 인생의 주인으로 모셔 들임으로써 하나님의 형상이 회복된 상태를 말합니다. 고린도후서 5:17을 보면 그런즉 누구든지 그리스도 안에 있으면 새로운 피조물이라 이전 것은 지나갔으니 보라 새 것이 되었도다라고 되어 있습니다. 예수 그리스도를 영접하는 순간 재창조의 역사가 임하며, 새로운 피조물로서의 삶이 시작되는 것입니다. 이때부터 세상이 줄 수 없는 참 평강의 삶, 하나님이 베풀어주신 놀라운 긍휼에 감사하는 삶이 시작됩니다. 그렇기 때문에 우리가 이 땅에서 자랑해야 할 것은 다른 것이 없습니다. 바로 우리로 하여금 새로 지으심을 받게 하는 유일한 길이 되시는 예수 그리스도만 자랑하면 됩니다.

사실 사도 바울은 세상적인 자랑거리가 너무나 많았던 사람입니다. 바리새인 중의 바리새인이요, 당대 최고 가말리엘의 문하에서 율법 교육을 받았습니다. 지금으로 치면 박사학위가 몇 개나 있을 정도였습니다. 당대 최고의 학벌과 그 누구보다도 율법을 지키는 것에 올인하여 율법의 의로는 흠이 없는 자라고 스스로 고백할 정도였습니다. 그런데 다메섹 도상에서 부활하신 예수 그리스도를 만난 이후 그 삶은 정반대가 되었습니다. 지금까지 자랑거리로 여겼던 그 모든 것이 허상이라는 사실을 깨닫게 된 것입니다. 그렇기 때문에 빌립보서 3:7~9에서 예수 그리스도 외에는 전부 다 배설물로 여긴다고 고백할 수 있었습니다. 예수 그리스도와의 만남, 예수 그리스도를 더 깊이 사실적으로 알아가는 것이 가장 가치 있는 삶이라는 사실을 깨달은 것입니다.

사도 바울은 더 나아가 고린도전서 9:16에 이렇게 고백했습니다. 내가 복음을 전할지라도 자랑할 것이 없음은 내가 부득불 할 일임이라 만일 복음을 전하지 아니하면 내게 화가 있을 것이로다 그리고 빌립보서 1:18에서는 그러면 무엇이냐 겉치레로 하나 참으로 하나 무슨

방도로 하든지 전파되는 것은 그리스도니 이로써 나는 기뻐하고 또한 기뻐하리라라고 했습니다. 그리스도만 전파되는 것이 사도 바울의 유일한 자랑이었던 것입니다. 우리도 여기에서 인생 최고의 기쁨을 맛보아야 합니다.

설교의 황태자로 불리는 스펄전 목사가 이런 간증을 했습니다.

"어느 날 성경을 조용히 묵상하다가 십자가 장면이 나왔습니다. 제 마음속에 감격이 없었습니다. 그래서 저는 울기 시작했습니다. 주님, 나를 구원한 이 십자가 사건 앞에서 왜 내 마음속에 감격이 사라졌습니까?"

독자 여러분, 우리가 예수 그리스도의 십자가를 향한 감격을 상실했다면 우리의 신앙은 무엇인가 근본적으로 잘못되어 있는 것입니다. 예수 그리스도를 생각할 때마다 감사와 감격이 변함없이 넘치고 그분만을 자랑하는 삶을 사는 것이 영적으로 정상적인 상태라는 사실을 깨달아야 할 것입니다.

언약적 한(恨)

이 후로는 누구든지 나를 괴롭게 하지 말라 내가 내 몸에 예수의 흔적을 지니고 있노라 _갈라디아서 6:17

바울은 더 이상 자신의 사도권에 대한 의심과 할례에 대한 율법적인 질문으로 자신을 힘들게 하지 말라고 했습니다. 그러면서 자기 몸에 예수의 흔적이 있다고 말했습니다. '흔적'이라는 말은 헬라어로 '스티그마타'라고 하는데 이것은 소나 양에게 낙인을 찍어 소유주를 나타내거나, 주인이 노예에 대한 자신의 소유권을 나타내기 위해 노예의 몸에 낙인찍은 것을 가리키는 말입니다. 바울이 말하는 예수의 흔적이란 사도로 부름 받은 바울이 예수의 소유가 된 흔적, 다시 말해 예수 그리스도의 복음을 증거하다가 그로 인해 받게 된 고통과 고난의 상처를 가리킵니다.

고린도후서 11:24~27을 보면 사도 바울이 복음을 위해 어떠한 고난과 핍박을 받았는지에 대해 구체적으로 밝히고 있습니다. 유대인들에게 사십에서 하나 감한 매를 다섯 번 맞았으며 세 번 태장으로 맞고 한 번 돌로 맞고 세 번 파선하고 일 주야를 깊은 바다에서 지냈으며 여러 번 여행하면서 강의 위험과 강도의 위험과 동족의 위험과 이방인의 위험과 시내의 위험과 광야의 위험과 바다의 위험과 거짓 형제 중의 위험을 당하고 또 수고하며 애쓰고 여러 번 자지 못하고 주리며 목마르고 여러 번 굶고 춥고 헐벗었노라 사실 복음을 위해 이렇게까지 예수의 흔적을 가지고 있는 사람도 드물 것입니다. 사도 바울은 이런 예수의 흔적이 자신이 사도임을 분명히 입증하는 것이고, 이런 고난을 이겨낸 것은 순수한 예수 그리스도의 복음을 지키기 위함이었음을 강조했습니다. 자신이 이런 고난을 겪은 것은 결국 예수 그리스도의 순결한 복음을 지키기 위함이었기 때문에 더 이상 율법적인 문제로 인해 복음을 가리지 말고 더 이상 속지 말라는 것입니다. 바울의 언약적 한이 여기에 담겨 있음을 우리가 보아야 합니다. 복음 때문에 여러분 가슴에 남겨진 한(恨), 그 예수의 흔적을 하나님께서는 가장 영광스럽게 받으실 것입니다.

「천로역정」을 보면 진충(眞忠)이라는 등장인물이 나옵니다. 이 진충이 자기 여행을 거의 마칠 무렵 한 가지 간증을 했습니다.

"나는 나의 상처와 흔적을 주님을 사랑한 증거로서 나에게 상급을 주실 그분 앞으로 가지고 가겠습니다."

우리가 실제로 육체의 아픔을 당하든 안 당하든 중요한 것은 우리의 몸과 삶 속에 예수 그리스도의 흔적이 나타나고 있는가 하는 것입니다. 사도행전 11장을 보면 안디옥교회 제자들이 최초로 그리스도인이라 일컬음을 받았듯이 우리에게는 예수의 사람이라는 분명한 정체성이 있어야 합니다. "나는 예수의 흔적을 가진 예수의 사람"이라는 고백을 할 수 있어야 하는 것입니다. 복음 때문에 여러분이 겪은 상처와 아픔은 예수 그리스도의 향기가 되어 흘러나가게 되어 있습니다. 우리는 이런 예수 향기가 흘러넘치는 삶을 살아가야 할 것입니다.

영적 청년

한동안 인터넷에 'UN이 발표한 새로운 연령 구분'이라는 도표가 떠돌아다닌 적이 있습니다. UN에서 세계 인류의 체질과 평균 수명을 추정하여 연령 분류의 새로운 표준 규정을 5단계로 나누어 발표했다는 것입니다. 이 내용이 사람들 사이에 많이 공유되고 있어서 한 방송사에서 팩트 체크를 했는데 사실 UN은 그런 발표를 한 적이 없다고 합니다. 하지만 그 내용을 보면 공감이 되는 바가 많습니다. 이 도표에 따르면 미성년자를 0세부터 17세로 규정했는데 이 부분은 지금과 별반 다르지 않습니다. 그런데 그다음부터가 파격적입니다. 18세부터 65세까지를 청년으로 구분해놓았습니다. 그리고 66세부터 79세까지를 중년, 80세부터 99세까지가 노년, 100세 이상은 장수노인이라고 분류한 것입니다. 65세까지가 청년이면 아마도 대다수의 독자분들이 이에 해당할 것입니다. 좀 더 범위를 넓히면 거의 모든 분들이 중년 이하에는 속할 것입니다.

제가 굳이 이 말씀을 드리는 이유는 우리가 지금 한창 주님의 일을 할 때라는 것입니다. 사실 예수의 흔적을 남기는 삶을 사는 것은 나이와 상관없습니다. 우리의 삶은 사명이 다하면 끝나기 때문에 살아있는 동안은 청년의 패기를 가지고 일심, 전심, 지속으로 변함없이 오직 그리스도를 자랑하는 삶을 살면 되는 것입니다. 독자 여러분, 사도 바울처럼 담대하게, 거침없이, 하나님의 나라를 전파하며 주 예수 그리스도에 관한 모든 것을 가르치는 복음 전도자의 삶을 사시기 바랍니다. 이를 통해 모든 독자 여러분이 생명력 넘치는 영적 청년으로서의 존재감을 보여 주는 그리스도의 절대 제자가 되시기를 예수 그리스도의 이름으로 축복합니다.

펴낸날 초판 1쇄 2022년 3월 10일
지은이 정은주
펴낸이 지무룡
펴낸곳 가스펠북스
기획 배성원
디자인 YEDI X DALGROO
출판등록 109-91-93560
주소 서울시 강서구 화곡로 63길 65, 101호
전화 02-2657-9724
팩스 02-2657-9719
홈페이지 www.iyewon.org
값 12,000원

ISBN 979-11-973512-8-0(03230)
*잘못 만들어진 책은 구입처에서 교환해드립니다.

가스펠북스

내가 그리스도와 함께 십자가에 못 박혔나니
그런즉 이제는 내가 사는 것이 아니요 오직 내 안에 그리스도께서 사시는 것이라
이제 내가 육체 가운데 사는 것은 나를 사랑하사 나를 위하여 자기 자신을 버리신
하나님의 아들을 믿는 믿음 안에서 사는 것이라

_갈라디아서 2:20